하나님께 영광 돌리며 기뻐합시다!

가스펠 프로젝트

신약

2

비유와 기적
청장년

지은이 · LifeWay Adults
옮긴이 · 문우일
감수 · 김병훈, 류호성, 신대현
초판 발행 · 2018년 7월 11일
2판 2쇄 발행 · 2025년 1월 12일
등록번호 · 제1988-000080호
등록된 곳 · 서울특별시 용산구 서빙고로65길 38
발행처 · 사단법인 두란노서원
영업부 · 02-2078-3352, 3452, 3781, 3752 FAX 080-749-3705
편집부 · 02-2078-3437
디자인 · 땅콩프레스

책값은 뒤표지에 있습니다.
ISBN 978-89-531-4697-6 04230 / 978-89-531-4582-5(세트)

가스펠 프로젝트 홈페이지 · gospelproject.co.kr
두란노몰 · mall.duranno.com

차례

2

Stories and Signs

발간사

두란노서원을 통해 라이프웨이(LifeWay)의 《가스펠 프로젝트》 성경 공부 교재 시리즈를 발간할 수 있도록 인도하신 하나님께 감사드립니다. 험한 소리로 가득한 세상에 이 책을 다릿돌처럼 놓습니다. 우리 삶은 말씀을 만난 소리로 풍성해져야 합니다. 주님을 만난 기쁨의 소리, 진실 앞에서 탄식하는 소리, 죄를 씻는 울음소리, 소망을 품은 기도 소리로 가득해야 합니다.

《가스펠 프로젝트》는 신구약을 관통하는 예수 그리스도의 복음을 발견하고, 그 가르침을 삶에 적용하는 지혜를 얻도록 기획한 성경 공부 교재입니다. 어린아이부터 어른에 이르기까지 생애주기에 따른 복음 메시지를 잘 배울 수 있습니다. 또한 거짓 진리가 미혹하는 이 시대에 건강한 신학과 바른 교리로 말씀을 조명해 성도의 신앙이 좌로나 우로나 치우치지 않도록 돕습니다.

두란노서원은 지금까지 "오직 성경, 복음 중심, 초교파적 관점"을 바탕으로 한국 교회와 성도를 꾸준히 섬겨 왔습니다. 오직 성경의 정신에 입각해 책과 잡지를 출판해 왔으며, 성경에 근거한 복음 중심의 신학을 포기한 적이 없습니다. 그리고 교단과 교파를 초월해 교회와 성도가 하나님 나라를 바라볼 수 있도록 돕기 위해 노력해 왔습니다. 《가스펠 프로젝트》는 두란노가 지켜 온 세 가지 가치를 충실하게 담은 책입니다.

성경은 구원을 위한 책이며, 구원사의 주인공은 예수 그리스도입니다. 창세기부터 요한계시록까지 오직 예수 그리스도의 복음만을 전하는 《가스펠 프로젝트》 성경 공부 교재를 통해 복음의 은혜와 진리를 깊이 경험하고, 복음 중심의 삶이 마음 판에 새겨지기를 바랍니다. 그리고 예수 그리스도 복음에 굳게 선 한 사람의 영향력이 가정과 교회와 사회에 흘러감으로써 거룩한 하나님 나라가 확산되어 가기를 소망합니다.

두란노서원 원장 **이 형 기**

감수사

두란노가 출간하는 《가스펠 프로젝트》는 무엇보다도 전통적으로 교회가 풀어 온 흐름을 충실히 따라 성경을 해설하고 있습니다. 그리고 그 방향은 궁극적으로 예수 그리스도를 향해 나아가고 있습니다. 이것은 예수님이 구약과 신약의 모든 성경이 자신을 가리키고 있다고 하신 말씀에 비추어 매우 타당한 것입니다. 게다가 그리스도 중심적 해설을 무리하게 전개하지 않습니다. 각 본문에서 하나님의 구원 언약과 그것을 실현하시는 하나님을 드러내면서, 그리스도의 예표적 설명이 가능한 사건을 놓치지 않고 풀어내고 있습니다.

성경 공부 교재는 명시적으로 혹은 암시적으로 제시하는 교리적 진술이 교리 체계상 건전해야 합니다. 《가스펠 프로젝트》는 99개 조에 이르는 핵심교리들을 일목요연하게 제시해 교리의 건전성을 확인할 수 있도록 도움을 줍니다. 《가스펠 프로젝트》의 교리는 교파를 막론하고, 예수 그리스도의 복음에 충실한 복음주의 교회들에게 환영받을 만합니다. 물론 교파마다 약간의 이견을 갖는 부분들이 있을 수 있겠지만, 각 교회에서 교재를 활용하는 데는 무리가 없을 것입니다. 《가스펠 프로젝트》의 특징은 각 과에서 학습한 내용을 핵심교리와 연결해 주며, 그 결과 그리스도의 복음에 관련한 교리적 이해를 강화시킨다는 데 있습니다.

끝으로 《가스펠 프로젝트》는 어떤 성경 주해서나 교리 학습서가 갖지 못하는 훌륭한 장점을 가지고 있습니다. 그것은 학습자를 하나님과 그리스도의 복음 앞으로 이끌며, 자신의 신앙과 삶을 돌아보도록 하는 적용의 적실성과 훈련의 효과입니다. 아울러 본문과 관련해 교회사적으로 또 주석적으로 중요한 신학자와 목사의 어록과 주석을 제시하고, 심화토론 질문들(인도자용)과 선교적 안목을 열어 주는 적용 질문들을 더해 준 것은 《가스펠 프로젝트》에서 얻을 수 있는 큰 유익입니다.

추천할 만한 마땅한 성경 공부 교재를 찾기가 쉽지 않은 현실에서 《가스펠 프로젝트》는 성경을 개괄적으로 매주 한 과씩 3년의 기간 동안 일목요연하게, 그리고 그리스도 중심적으로 공부하도록 이끌어 준다는 점에서, 한국 교회의 기초를 성경 위에 놓는 일에 큰 공헌을 할 것으로 믿어 의심치 않습니다.

김병훈 _ 합동신학대학원대학교 조직신학 교수

하나님의 말씀이 임하는 곳에는 회복의 역사가 있어서 죽은 뼈들도 힘줄이 생기고 살이 오릅니다(겔 37:8). 그 자체에 능력이 있는(눅 1:37) 하나님의 말씀이 왕성해지면 정의와 사랑이 넘쳐나고(렘 9:24) 놀라운 부흥을 경험할 수 있습니다(행 6:7). 결국 그분의 말씀이 흘러넘칠 때에 악한 세력들은 모두 물러가고, 새 하늘과 새 땅이 우리에게 다가올 것입니다.

이를 위해 작은 등불의 역할을 할 《가스펠 프로젝트》는 다음과 같은 특징이 있습니다. 첫째는 성경 전체를 '그리스도 중심'으로 바라보며, 오실 그리스도(구약)와 오신 그리스도 그리고 앞으로 다시 오실 그리스도(신약)의 관점에서 구약성경과 신약성경을 서로 연결해 그 속에 담긴 놀라운 하나님의 구원 역사를 보게 합니다. 둘째는 같은 본문으로 교회와 가정 그리고 전

연령층에서 그리스도의 사랑을 배우게 하며 성숙한 그리스도인으로 성장하도록 이끌어 줍니다. 셋째는 신학적 주제와 기초 교리를 이해하기 쉽게 설명해 줍니다. 넷째는 배운 것을 복음의 씨앗을 뿌리는 선교와 연결하며 하나님이 주신 사명을 실천하도록 이끄는 것입니다.

그러므로 모든 교단과 교파를 초월해서, 하나님의 섬세한 구원의 손길과 그리스도의 숭고한 십자가의 사랑 그리고 거룩함으로 인도하는 성령님의 인도하심을 배울 수 있을 것입니다. 그래서 《가스펠 프로젝트》를 통해 하나님의 말씀이 한반도에 흘러넘칠 뿐만 아니라, 복음의 열정을 품고 전 세계로 향하는 많은 전도자를 세워 갈 것입니다.

류호성 _ 서울장신대학교 신약학 교수

✝ 《가스펠 프로젝트》는 성경 안에 나타난 하나님의 구원 계획-실행-완성이라는 일련의 진행을 잘 요약한 말입니다. 구원의 소식은 예수 그리스도께서 오셨을 때 비로소 전해진 것이 아니라 창세 이전에 그리스도 안에서 하나님의 지혜로 계획된 것입니다. 이 복음 계획은 구약 역사가 진행되면서 더 구체적으로 알려졌고, 하나님의 아들 예수 그리스도께서 이 땅에 오심으로써 완전히 드러났습니다. 이 복음으로 하나님의 백성이 모두 구원을 받을 것이며, 그제야 세상에 끝이 오고 하나님의 가스펠 프로젝트는 완성될 것입니다.

《가스펠 프로젝트》는 이러한 큰 그림을 염두에 두고 시대를 따라 진행되는 하나님의 구원 계획을 체계적으로 다루고 있습니다. 각 세션의 시작과 끝에 두 개의 푯대, 즉 '신학적 주제'와 '그리스도와의 연결'을 제시해 세션이 다루는 내용이 구원 역사의 큰 진행에서 어느 지점에 해당되는지 알려 줍니다. '신학적 주제'는 본문에서 하나님의 가스펠 프로젝트의 어느 지점에 주목해야 하는지 알려 주며, '그리스도와의 연결'은 이 지점이 가스펠 프로젝트 전체와 어떻게 연결되는지 확인시켜 줍니다. 가스펠 프로젝트의 부분과 전체를 아는 지식을 동시에 배워 가면서 이 시대를 향한 단기 비전과 앞으로 임할 하나님 나라에 대한 장기 비전을 함께 가질 수 있습니다. 《가스펠 프로젝트》는 이 비전들을 구체적으로 가질 수 있도록 매 세션 끝에 '하나님의 계획, 우리의 사명'을 두고 있습니다.

《가스펠 프로젝트》의 또 다른 큰 특징은 교회 안에 여러 세대를 그리스도 안에서 하나님의 말씀으로 연결해 준다는 것입니다. 장년, 청소년, 그리고 어린이들이 매주 동일한 본문 말씀을 배움으로써 그리스도 안에서 하나의 교회 전통을 세워 갈 수 있으며, 교회와 가정에서 동일한 하나님의 말씀으로 소통하며 언어가 같은 하나님 나라 백성의 삶을 체험할 수 있습니다.

《가스펠 프로젝트》는 성경의 한 부분에만 머물러 있는 우리의 생각을 그리스도 안에서 넓혀 주고, 분열된 세대들의 생각을 그리스도 안으로 모아 줍니다. 한국 교회 성도들이 《가스펠 프로젝트》를 통해 예수 그리스도를 아는 지식에서 자라 가고, 모든 믿음의 세대가 그리스도 안에서 아름다운 신앙의 전통을 이어 가는 일들이 일어나길 소망합니다.

신대현 _ 《가스펠 프로젝트》 주 강사

추천사

우리 시대의 전 세계적 교회 부흥은 두 가지 샘을 가지고 있습니다. 한 샘은 오순절 부흥 운동의 샘입니다. 이 샘으로 많은 시대의 목마른 영혼들이 목마름을 해갈했습니다. 또 하나의 샘은 성경 연구의 샘입니다. 남침례교 주일학교 운동은 이 샘의 개척자입니다. 이 샘으로 지금도 많은 성도가 목마름을 해갈하고 있습니다. 미국 남침례교 라이프웨이 출판사는 이러한 사역을 충실히 감당해 왔습니다. 《가스펠 프로젝트》는 모든 필요를 공급하는 원천이 될 것입니다. 《가스펠 프로젝트》로 한국 교회의 목마름이 해갈되기를 기도합니다. 《가스펠 프로젝트》는 쉬우면서도 결코 피상적이지 않습니다. 믿음의 단계를 따라 하나님의 자녀들에게 꼭 필요한 복음의 진수를 맛보게 해 줄 것입니다. 이 체계적인 교재로 이 땅에 새로운 영적 르네상스가 일어나기를 기대합니다.

이동원 _ 지구촌교회 원로 목사, 지구촌 미니스트리 네트워크 대표

《가스펠 프로젝트》는 예수 그리스도 중심, 즉 복음 중심의 제자 양육 교재입니다. 복음은 구원하는 능력뿐만 아니라 삶을 변화시키는 능력입니다. 성도들을 변화와 성숙으로 이끌어 주는 귀한 교재가 조국 교회와 이민 교회에 소중하게 쓰임받기를 바랍니다. 특별히 이민 2세들은 영어 교재 원본을 사용할 수 있는 까닭에 큰 도움이 될 것입니다.

강준민 _ LA 새생명비전교회 담임 목사

성경은 예수 그리스도를 중심으로 하는 하나님의 구원 이야기입니다. 성경을 가르치는 일은 하나님의 구원에 동참하는 하나님의 사람을 만드는 일이며, 하나님의 사람의 탁월한 모델은 바로 예수 그리스도입니다. 《가스펠 프로젝트》는 예수 그리스도를 중심으로 성경을 배웁니다. 성경이 어떻게 그리스도와 연결되어 있는지, 또 성도의 삶이 그리스도를 중심으로 하는 하나님의 구원 계획에 어떻게 연결되어야 하는지 구체적으로 제시합니다.

특히 《가스펠 프로젝트》는 하나의 본문을 각 연령에 맞게 구성한 교재를 제공해 하나의 본문으로 전 세대를 연결하고, 가정과 교회를 하나 되게 합니다. 신앙의 전수가 중요한 시대에 성도와 교회와 가정이 한마음으로 다음 세대를 준비시키기에 적합합니다. 특히 가정에서 부모가 자녀와 말씀으로 대화를 나눌 수 있게 해 자녀 신앙 교육에 도움이 될 것입니다.

《가스펠 프로젝트》가 주일학교부터 장년에 이르기까지 전 교회와 성도의 각 가정에서 사용되어 예수 그리스도를 통한 하나님의 가스펠 프로젝트가 성취되기를 기도하면서 기쁨과 확신으로 추천합니다.

이재훈 _ 온누리교회 담임 목사

✝ 하나님의 말씀은 생명을 살리고 힘 있게 하는 능력이 있습니다. 그래서 사역 현장에서는 그것을 효율적으로 전해 주고 가르칠 수 있는 좋은 방법과 교재에 늘 목말라합니다. 그런 점에서 연령대에 맞게 체계적으로 준비되어 사역 현장의 필요를 잘 충족해 줄 교재가 출간되어 기쁩니다. 사역의 현장에서 유용하게 활용되어 복음의 생명력과 역동성을 누리게 되기를 기대하며 추천합니다.

김운용 _ 장로회신학대학교 실천신학 교수

✝ 성경은 하나님의 말씀입니다. 말씀 중의 말씀, 복음은 예수 그리스도이십니다.《가스펠 프로젝트》는 하나님의 말씀으로 우리를 초청해서 예수 그리스도를 만나게 하고 사랑하게 만드는 훌륭한 교재입니다.《가스펠 프로젝트》의 매력은 하나의 커리큘럼을 가지고 연령대에 적합하게 공부하도록 제공한다는 점입니다. 자녀들이 교회 학교에서, 부모들이 소그룹에서 말씀을 공부한 후 저녁 식탁에 둘러앉아 예수님에 관해 함께 나눌 수 있다는 것은, 상상만 해도 너무나도 멋지고 복된 일입니다.

김지철 _ 전 소망교회 담임 목사

✝ 예수님은 친히 요한복음 5장 39절에서, 모든 성경은 예수님 자신에 대한 증거라고 말씀하셨습니다. 그럼에도 불구하고, 성도들은 그 속에서 예수님이라는 보석을 쉽게 찾아내지 못하고 있습니다.《가스펠 프로젝트》는 신앙생활을 출발하는 어린이부터 장년까지 이런 눈을 활짝 열어 주는 놀라운 교재입니다. 요람에서부터 무덤까지 각 연령대에 맞게 구성된《가스펠 프로젝트》성경 공부 교재를 통해, 한국 교회와 이민 교회가 잃어버린 예수님을 다시 발견함으로 견고하게 되기를 바랍니다.

최병락 _ 강남중앙침례교회 담임 목사

✝ 성경은 그 깊이와 너비를 측량하기 어려운 광활한 바다입니다. 이 바다를 무턱 대고 항해하다 보면 장구한 역사의 파도와 다양한 문학 양식이라는 바람에 의해 표류하기 쉽습니다. 그런 점에서《가스펠 프로젝트》는 참 훌륭한 나침반입니다. 건전한 교리를 바탕으로 성경 어디에서나 그리스도를 발견하도록 돕고, 복음이라는 항구에 이르도록 이끌어 줍니다. 이미 구약 시리즈를 통해 검증되었듯이, 이어지는 신약 시리즈 역시 말씀의 바다를 항해하는 모든 분에게 큰 유익을 줄 것입니다. 기쁜 마음으로 추천합니다.

허요환 _ 안산제일교회 담임 목사

활용법

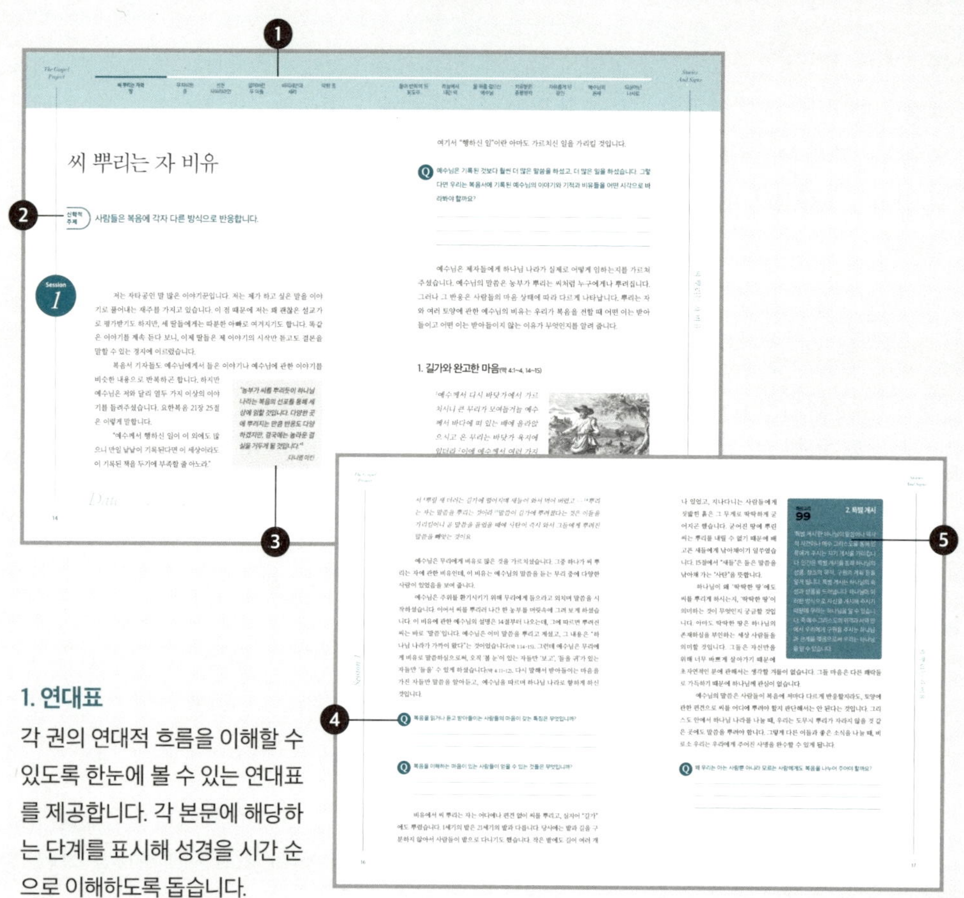

1. 연대표

각 권의 연대적 흐름을 이해할 수 있도록 한눈에 볼 수 있는 연대표를 제공합니다. 각 본문에 해당하는 단계를 표시해 성경을 시간 순으로 이해하도록 돕습니다.

2. 신학적 주제

하나님이 구속사에서 행하신 일에 초점을 맞춰 본문을 이해하도록 주제를 제시해 본문의 흐름을 놓치지 않도록 돕습니다.

3. 명언 등

세계 기독교 역사에서 영향력 있는 인물들의 명언이나 글 가운데 세션의 주제와 관련 있는 내용을 발췌해 제공합니다.

4. 관찰 질문

본문을 구체적으로 이해하도록 하는 질문을 제공합니다. 이를 통해 생각의 폭을 넓히고 성경의 진리를 실제적으로 받아들이는 데 도움을 받을 수 있습니다.

5. 핵심교리 99

기독교 교리 가운데 핵심이 되는 99개의 내용을 추려 각 세션에 해당하는 교리를 제시합니다. 성경 본문에 대한 신학적 이해를 넓히는 데 도움을 받을 수 있습니다.

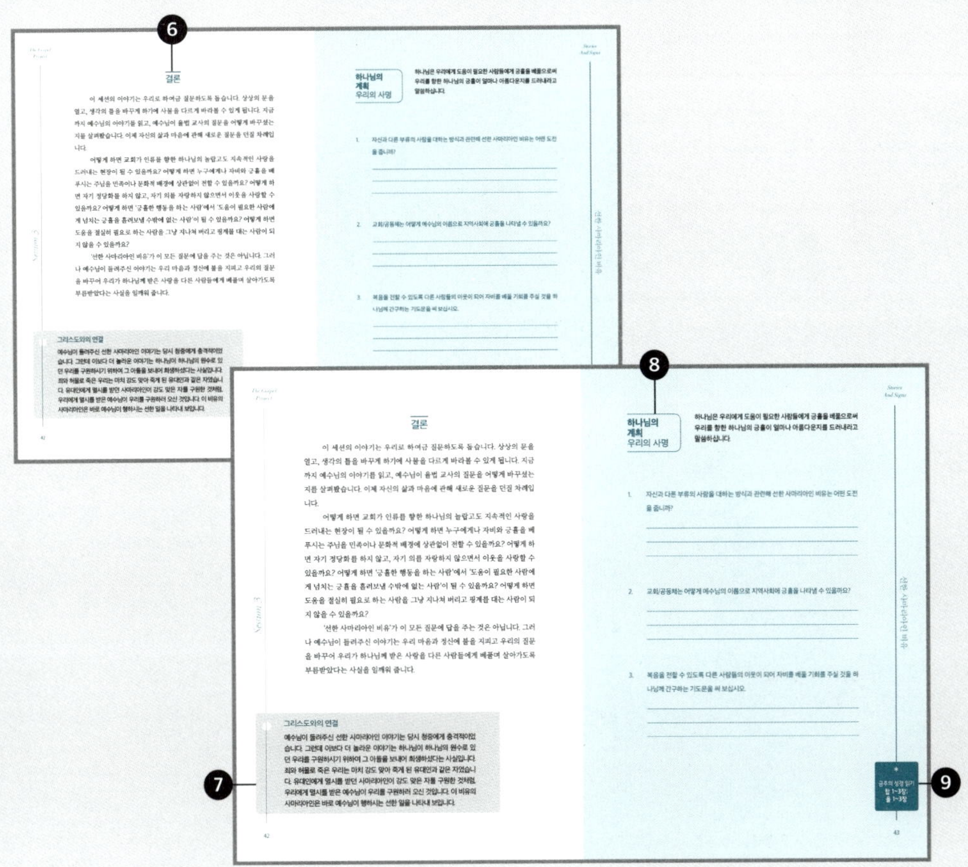

6. 결론

각 세션의 포인트를 정리하고 예수 그리스도와 연결해 세션의 결론을 제시합니다.

7. 그리스도와의 연결

해당 본문과 주제가 어떻게 예수 그리스도를 가리키며 연결되는지 자세히 살핍니다. 예수님과 각 세션 포인트의 상관성을 발견할 수 있도록 돕습니다.

8. 하나님의 계획, 우리의 사명

각 세션에서 드러난 하나님의 계획을 우리의 사명과 연결해 말씀을 구체적으로 삶에 적용하도록 돕습니다.

9. 금주의 성경 읽기

각 세션의 연대기적 흐름에 맞춰 한 주 동안 읽을 성경 본문을 제공합니다.

비유로 말씀하신 예수님

공관복음

암송 구절

아버지는 종들에게 이르되 제일 좋은 옷을 내어다가 입히고 손에 가락지
를 끼우고 발에 신을 신기라 그리고 살진 송아지를 끌어다가 잡으라 우리
가 먹고 즐기자 이 내 아들은 죽었다가 다시 살아났으며 내가 잃었다가 다
시 얻었노라 하니 그들이 즐거워하더라
누가복음 15장 22~24절

Unit 1

씨 뿌리는 자 비유

신학적 주제 사람들은 복음에 각자 다른 방식으로 반응합니다.

Session 1

저는 자타공인 말 많은 이야기꾼입니다. 저는 제가 하고 싶은 말을 이야기로 풀어내는 재주를 가지고 있습니다. 이 점 때문에 저는 꽤 괜찮은 설교가로 평가받기도 하지만, 세 딸들에게는 따분한 아빠로 여겨지기도 합니다. 똑같은 이야기를 계속 듣다 보니, 이제 딸들은 제 이야기의 시작만 듣고도 결론을 말할 수 있는 경지에 이르렀습니다.

복음서 기자들도 예수님에게서 들은 이야기나 예수님에 관한 이야기를 비슷한 내용으로 반복하곤 합니다. 하지만 예수님은 저와 달리 열두 가지 이상의 이야기를 들려주셨습니다. 요한복음 21장 25절은 이렇게 말합니다.

"예수께서 행하신 일이 이 외에도 많으니 만일 낱낱이 기록된다면 이 세상이라도 이 기록된 책을 두기에 부족할 줄 아노라."

> "농부가 씨를 뿌리듯이 하나님 나라는 복음의 선포를 통해 세상에 임할 것입니다. 다양한 곳에 뿌려지는 만큼 반응도 다양하겠지만, 결국에는 놀라운 결실을 거두게 될 것입니다."[1]
>
> _다니엘 아킨

Date . .

여기서 "행하신 일"이란 아마도 가르치신 일을 가리킬 것입니다.

Q 예수님은 기록된 것보다 훨씬 더 많은 말씀을 하셨고, 더 많은 일을 하셨습니다. 그렇다면 우리는 복음서에 기록된 예수님의 이야기와 기적과 비유들을 어떤 시각으로 바라봐야 할까요?

예수님은 제자들에게 하나님 나라가 실제로 어떻게 임하는지를 가르쳐 주셨습니다. 예수님의 말씀은 농부가 뿌리는 씨처럼 누구에게나 뿌려집니다. 그러나 그 반응은 사람들의 마음 상태에 따라 다르게 나타납니다. 뿌리는 자와 여러 토양에 관한 예수님의 비유는 우리가 복음을 전할 때 어떤 이는 받아들이고 어떤 이는 받아들이지 않는 이유가 무엇인지를 알려 줍니다.

1. 길가와 완고한 마음(막 4:1~4, 14~15)

[1]예수께서 다시 바닷가에서 가르치시니 큰 무리가 모여들거늘 예수께서 바다에 떠 있는 배에 올라앉으시고 온 무리는 바닷가 육지에 있더라 [2]이에 예수께서 여러 가지를 비유로 가르치시니 그 가르치시는 중에 그들에게 이르시되 [3]들으라 씨를 뿌리는 자가 뿌리러 나가

서 4뿌릴 새 더러는 길가에 떨어지매 새들이 와서 먹어 버렸고 … 14뿌리는 자는 말씀을 뿌리는 것이라 15말씀이 길가에 뿌려졌다는 것은 이들을 가리킴이니 곧 말씀을 들었을 때에 사탄이 즉시 와서 그들에게 뿌려진 말씀을 빼앗는 것이요

예수님은 무리에게 비유로 많은 것을 가르치셨습니다. 그중 하나가 씨 뿌리는 자에 관한 비유인데, 이 비유는 예수님의 말씀을 듣는 무리 중에 다양한 사람이 있었음을 보여 줍니다.

예수님은 주위를 환기시키기 위해 무리에게 들으라고 외치며 말씀을 시작하셨습니다. 이어서 씨를 뿌리러 나간 한 농부를 머릿속에 그려 보게 하셨습니다. 이 비유에 관한 예수님의 설명은 14절부터 나오는데, 그에 따르면 뿌려진 씨는 바로 '말씀'입니다. 예수님은 이미 말씀을 뿌리고 계셨고, 그 내용은 "하나님 나라가 가까이 왔다"는 것이었습니다(막 1:14~15). 그런데 예수님은 무리에게 비유로 말씀하심으로써, 오직 '볼 눈'이 있는 자들만 '보고', '들을 귀'가 있는 자들만 '들을' 수 있게 하셨습니다(막 4:11~12). 다시 말해서 받아들이는 마음을 가진 자들만 말씀을 알아듣고, 예수님을 따르며 하나님 나라로 향하게 하신 것입니다.

Q 복음을 읽거나 듣고 받아들이는 사람들의 마음이 갖는 특징은 무엇입니까?

____

____

Q 복음을 이해하는 마음이 있는 사람들이 얻을 수 있는 것들은 무엇입니까?

____

____

비유에서 씨 뿌리는 자는 어디에나 편견 없이 씨를 뿌리고, 심지어 "길가"에도 뿌렸습니다. 1세기의 밭은 21세기의 밭과 다릅니다. 당시에는 밭과 길을 구분하지 않아서 사람들이 밭으로 다니기도 했습니다. 작은 밭에도 길이 여러 개

나 있었고, 지나다니는 사람들에게 짓밟힌 흙은 그 무게로 딱딱하게 굳어지곤 했습니다. 굳어진 땅에 뿌린 씨는 뿌리를 내릴 수 없기 때문에 배고픈 새들에게 낚아채이기 일쑤였습니다. 15절에서 "새들"은 들은 말씀을 낚아채 가는 "사탄"을 뜻합니다.

하나님이 왜 '딱딱한 땅'에도 씨를 뿌리게 하시는지, '딱딱한 땅'이 의미하는 것이 무엇인지 궁금할 것입니다. 아마도 딱딱한 땅은 하나님의 존재하심을 부인하는 세상 사람들을 의미할 것입니다. 그들은 자신만을 위해 너무 바쁘게 살아가기 때문에

핵심교리 99

2. 특별 계시

'특별 계시'란 하나님이 말씀이나 역사적 사건이나 예수 그리스도를 통해 인류에게 주시는 자기 계시를 가리킵니다. 인간은 특별 계시를 통해 하나님의 성품, 창조의 목적, 구원의 계획 등을 알게 됩니다. 특별 계시는 하나님의 속성과 성품을 드러냅니다. 하나님이 이러한 방식으로 자신을 계시해 주시기 때문에 우리는 하나님을 알 수 있습니다. 즉 예수 그리스도의 위격과 사역 안에서 우리에게 구원을 주시는 하나님과 관계를 맺음으로써 우리는 하나님을 알 수 있습니다.

초자연적인 분에 관해서는 생각할 겨를이 없습니다. 그들 마음은 다른 쾌락들로 가득하기 때문에 하나님께 관심이 없습니다.

예수님의 말씀은 사람들이 복음에 저마다 다르게 반응할지라도, 토양에 관한 편견으로 씨를 어디에 뿌려야 할지 판단해서는 안 된다는 것입니다. 그리스도 안에서 하나님 나라를 나눌 때, 우리는 도무지 뿌리가 자라지 않을 것 같은 곳에도 말씀을 뿌려야 합니다. 그렇게 다른 이들과 좋은 소식을 나눌 때, 비로소 우리는 우리에게 주어진 사명을 완수할 수 있게 됩니다.

 왜 우리는 아는 사람뿐 아니라 모르는 사람에게도 복음을 나누어 주어야 할까요?

2. 돌밭과 피상적인 마음(막 4:5~6, 16~17)

5더러는 흙이 얕은 돌밭에 떨어지매 흙이 깊지 아니하므로 곧 싹이 나오나 6해가 돋은 후에 타서 뿌리가 없으므로 말랐고 … 16또 이와 같이 돌밭에 뿌려졌다는 것은 이들을 가리킴이니 곧 말씀을 들을 때에 즉시 기쁨으로 받으나 17그 속에 뿌리가 없어 잠깐 견디다가 말씀으로 인하여 환난이나 박해가 일어나는 때에는 곧 넘어지는 자요

예수님이 말씀하신 이 사람들은 처음에는 하나님 나라를 잘 받아들입니다. 그리스도를 믿는다고 고백하고, 세례를 받을 수도 있습니다. 그러나 '회심'의 기쁨은 잠시일 뿐, 삶의 역경이 찾아오면 곧바로 믿음을 포기하고 맙니다. 왜 그럴까요? 예수님은 그들이 믿음으로 제자가 될 만큼 충분한 양의 흙이 없으므로 믿음이 뿌리를 깊이 내리지 못하기 때문이라고 말씀하십니다.

친구나 가족이나 모르는 사람에게 복음을 전할 때, 상대방이 너무 빨리 회심한다면 오히려 신중해져야 합니다. 어떻게 하면 그럴싸한 회심을 방지할 수 있을까요? 그 답은 제자 훈련에 있습니다. 새로운 회심자는 우리가 공통으로 지니는 믿음 안에서 세워져야 합니다. 그러나 예수님은 우리가 아무리 노력해도 어떤 마음은 너무 얄팍하고, 어떤 마음은 너무 피상적이어서 복음이 견고하게 뿌리를 내릴 수 없다고 지적하십니다.

Q 진정한 회심의 특징은 무엇입니까?

3. 가시밭과 산란한 마음(막 4:7, 18~19)

[7]더러는 가시떨기에 떨어지매 가시가 자라 기운을 막으므로 결실하지 못하였고 … [18]또 어떤 이는 가시떨기에 뿌려진 자니 이들은 말씀을 듣기는 하되 [19]세상의 염려와 재물의 유혹과 기타 욕심이 들어와 말씀을 막아 결실하지 못하게 되는 자요

앞의 두 땅과 달리 이 땅에는 씨가 뿌리를 내릴 수 있을 것만 같습니다. 새들이 낚아채 가지 않으니, 씨가 뿌리를 내리고 자랄 수 있을 것만 같습니다. 그런데 이 땅에서는 자기 십자가를 지고 가라는 소명에 응할 믿음을 찾아볼 수 없습니다. 오직 세속적 쾌락을 향한 갈망만 가득할 뿐입니다. 이와 관련해 존 웨슬리가 이런 말을 한 적이 있습니다.

"깊고도 중요한 진리로다! 하나님 안에서 행복으로 이어지지 않는 것에 관한 갈망은 곧바로 영혼을 황폐시키는 경향이 있으니 말이다."[2]

결국 씨는 잡초 때문에 질식하고 맙니다. 외적인 힘에 눌려 열매를 맺지 못하는 것입니다. 예수님보다 인생의 여러 선택이 우선하기 때문에 세속적인 꿈을 따르거나 쓸데없는 걱정에 휩싸이게 됩니다.

> "친애하는 여러분, 여러분은 열매를 맺어 본 적이 있습니까? 재산으로 열매를 맺었습니까? 재능으로 열매를 맺었습니까? 시간으로 열매를 맺었습니까? 지금은 예수님을 위해 무슨 일을 하고 있습니까? 구원은 행위가 아닌 은혜로 받는 것입니다. 그러나 만일 당신이 은혜로 구원받았다면, 헌신의 삶으로 그것을 증명해야 합니다. 오늘 자신을 구별해 주님께 온전히 헌신하십시오. 당신은 당신 것이 아니라 값으로 사신 바 되었기 때문입니다. 가시 때문에 자라지 못하는 씨처럼 되고 싶지 않으면, 살아 있는 동안 활활 타오르는 열정으로 사십시오."[3]
>
> _찰스 스펄전

염려와 걱정들로 예수님을 근근이 사랑하게 되면, 가시밭에 떨어진 씨와 같아집니다. 구원받았다고 믿고 싶지만, 열매를 맺지 못하는 것입니다. 그러나 예수님은 열매 맺지 못하는 나무들은 모두 찍혀 불에 던져질 것이라고 분명히 말씀하셨습니다(마 7:19; 요 15:6). 말씀의 씨를 못 받았거나 씨가 뿌리를 내리지 못한 사람들을 구원받았다고 인정할 수 없는 것처럼, 열매를 맺지 못하는 사람들도 구원받은 것으로 인정할 수 없습니다.

이 말씀은 주일마다 교회에 출석하면서도 달라지지 않는 사람들에게 경종을 울립니다. 예수님으로 말미암아 거듭난 사람들의 삶에는 성령이 역사하시기 마련입니다. 열매가 없다면, 거듭난 것이 아닙니다. 거듭남이 없으면, 구원도 없습니다.

Q 마음속에 뿌려진 말씀을 질식시켜 열매를 맺지 못하게 하는 걱정과 열망에는 어떤 것들이 있습니까?

Q 교회는 회심을 확인하고 거짓 회심을 경계하게 하는 데 어떤 역할을 합니까?

4. 좋은 땅과 열매 맺는 마음(막 4:8~9, 20)

⁸더러는 좋은 땅에 떨어지매 자라 무성하여 결실하였으니 삼십 배나 육십 배나 백 배가 되었느니라 하시고 ⁹또 이르시되 들을 귀 있는 자는 들으라 하시니라 … ²⁰좋은 땅에 뿌려졌다는 것은 곧 말씀을 듣고 받아 삼십 배나 육십 배나 백 배의 결실을 하는 자니라

복음적인 그리스도인도 때로는 좌절을 합니다. 복음을 열심히 전했는데 열매가 보이지 않으면 의구심에 빠지기 마련입니다. '내가 뭔가 잘못하고 있나? 복음을 전하는 방식을 바꾸어야 하는 걸까? 사람들은 왜 복음을 거부할까?' 예수님은 이런 의구심들에 대답하는 것으로 '씨 뿌리는 자 비유'를 마무리하십니다. 척박한 땅, 즉 굳은 땅이나 돌밭이나 가시밭에 씨를 뿌렸을 때는 수확을 얻지 못했지만, 똑같은 씨를 좋은 땅에 뿌리면 놀랍도록 큰 수확을 얻게 됩니다.

그러므로 씨 뿌릴 때 낙심하지 마십시오. 실제로 수확할 땅이 있으니 힘

내십시오. 이 비유에서 농부는 좋은 땅만 골라서 특별히 다른 것을 뿌린 것이 아닙니다. 농부가 수확할 수 있었던 것은 씨 뿌리는 전략을 바꾸었기 때문이 아니라, 땅이 뿌려진 씨를 받아들였기 때문입니다. 그러므로 우리는 가리지 않고 어디에나 씨를 뿌려야 합니다.

작물 수확량은 다양할 수 있습니다. 어떤 씨는 30배, 어떤 씨는 60배, 또 어떤 씨는 100배의 결실을 맺습니다. 수확량에 차이가 있더라도 신자들끼리 질투해서는 안 됩니다. 하나님이 각자에게 서로 다른 은사를 주셨기 때문입니다. 고린도전서 12장 12~31절에서 바울이 몸에 관한 비유를 들어 지적한 것도 바로 그런 내용입니다. 성령은 신자들에 따라 다양하게 일하시기 때문에 어떤 이는 많은 은사를, 어떤 이는 적은 은사를 받을 수 있습니다. 그러나 우리는 모두 한 성령으로 변화되고, 한 성령과 함께 거하는 새로운 피조물로 열매를 맺는다는 점에서 차이가 없습니다.

> *"하나님 말씀의 씨는 이 마음에서 튕겨 나오지 않습니다. 잠깐 자라다가 역경을 당해 시들어 버리지 않습니다. 욕망 탓에 산란해진 마음에 스러지지도 않습니다. 이 마음이 바로 하나님의 말씀을 받아들여 깊이 뿌리 내리게 하는 마음입니다. 이 마음은 먼저 성품의 열매를 맺습니다. 성령의 열매는 사랑과 희락과 화평과 오래 참음과 자비와 양선과 충성과 온유와 절제니, 이 같은 것을 금지할 법이 없습니다(갈 5:22~23). 그리고 나서 이 마음은 선한 일의 열매를 거두게 됩니다(엡 2:10)."* [4]
>
> _R. 켄트 휴스

Q '씨 뿌리는 자 비유'와 그 설명을 듣고 깨닫게 된 것은 무엇입니까?

Q 하나님 나라가 좀처럼 확장될 것 같지 않은 문화 속에서 이 비유는 어떻게 용기를 북돋워 주나요?

결론

'씨 뿌리는 자 비유'는 세 가지 진실을 알려 줍니다.

첫째, 예수님은 말씀이 모든 사람에게 선포되어야 한다고 가르쳐 주십니다. 우리에게는 예수님이 죽었다가 부활하셔서 우리 죄와 허물을 대속하셨다는 좋은 소식을 모든 사람에게 전해야 하는 사명이 있습니다. 씨 뿌리는 자가 땅을 가리지 않고 널리 씨를 뿌렸듯이, 우리도 그렇게 해야 합니다.

둘째, 하나님 나라에 관해 들었던 사람들 중에 많은 이가 결국에는 하나님 나라를 거부하게 될 것입니다. 복음을 거부하는 사람들에 대해 부담감을 느낄 수는 있겠지만, 그들의 선택에 대해 죄책감을 가질 필요는 없습니다. 성경은 하나님 나라가 만인의 것이라고 말하지 않습니다. 그것은 "남은 자"(렘 50:20; 롬 11:5)나 "좁은 문"(마 7:13~14) 같은 말만 보아도 알 수 있습니다.

셋째, 소수의 사람들만이 말씀을 받아들이고, 하나님 나라를 세우는 은혜 충만한 풍성한 결실을 맺게 됩니다. 우리 영혼은 이것으로 만족해야 합니다. 그리스도에 관한 진리를 나누는 우리의 노력이 누군가에게 영향을 끼칠 것이라는 사실을 의심하지 말아야 합니다. 사람들이 거부하고 또 거부해도 하나님 나라는 놀라운 방식으로 퍼지고 재현될 것이므로 기뻐할 수 있습니다.

그리스도와의 연결

예수님은 '씨 뿌리는 자'이십니다. 이 땅에서 사역하시는 동안 '하나님의 말씀'이라는 씨를 뿌리셨습니다. 오늘날 예수님은 제자들을 통해 복음 선포를 지속해 나가시고, 복음은 그 메시지를 받아들이는 사람들 가운데서 지속적으로 열매를 맺습니다.

씨 뿌리는 자 비유

하나님의 계획
우리의 사명

하나님은 우리에게 추수하시는 주님이 복음으로 열매 맺게 하실 것을 믿으며, 하나님의 말씀을 편견 없이 누구에게나 전하라고 말씀하십니다.

1. 어떤 핑계를 대며 복음의 씨를 뿌리지 않았습니까?

2. '씨 뿌리는 자 비유'는 사명을 계속해 나가는 데 어떻게 힘을 줍니까?

3. 좋은 마음 밭을 가진 사람이 거둘 수 있는 열매에는 어떤 것들이 있을까요? 내 삶에서 거두고 싶은 열매를 열거해 보십시오.

＊
금주의 성경 읽기
왕하 21장;
대하 33장;
나 1~3장

무자비한 종 비유

**신학적
주제**　용서받은 사람들은 타인을 용서하는 데까지 나아가야 합니다.

Session
2

저는 뉴욕시 외곽에서 자랐습니다. 소방관이셨던 할아버지는 은퇴 후 안락의자에 앉아 많은 이야기를 들려주셨습니다. 그중 하나가 복수에 관한 이야기였습니다. 할아버지는 소방차를 타고 사람들을 구하러 갔을 때 소방대원들 머리 위로 쓰레기를 던진 아이들에 대해 이야기하시며, 추억에 젖은 채 미소 띤 얼굴로 그때 동료들과 함께 뛰어 올라가 그들을 어떻게 혼내 줬는지 말해 주셨습니다. 이것은 저희 할아버지 나름의 손자 양육법이었습니다. 할아버지는 용서하는 것에 관해 말씀하신 적이 없습니다. 심지어 용서받는 것에 관해서도 말씀하신 적이 없습니다.

우리는 복수를 이상적으로 여기는 세상에서 살고 있습니다. 마침내 복수해 자기 나름대로 '정의'를 실현한다는 이야기가 책

> "진짜 마음 상태는 다른 사람들을 대하는 태도에서 나타납니다. 마음이 겸손하며 회개한 사람이라면, 형제를 기꺼이 용서할 것입니다. 복수를 향한 열망과 교만한 마음으로는 진정한 회개를 할 수 없습니다. 그러니 하나님도 용서해 주실 수가 없습니다."[1]
>
> _워렌 W. 위어스비

Date　.　.

으로 엮어져 베스트셀러가 되고, 영화로 만들어져 인기를 끕니다. 이런 일들은 대중매체를 통해 우리 주변에서 쉽게 접할 수 있을 뿐만 아니라, 우리 내면에서도 감지할 수 있습니다. 의식적이건 무의식적이건 우리는 자신에게 피해를 주거나, 우리를 무시하거나, 빌려 간 것을 갚지 않거나, 호의에 보답하지 않거나, 기대에 미치지 못하는 사람들에게 여러 가지 방식으로 위협을 가합니다.

Q 최근 우리 사회에서 복수를 강조하는 소리를 들어본 적이 있나요? 언제 어디서 들었으며, 구체적으로 어떤 내용이었습니까?

____

____

Q 사람들이 복수를 좋아하는 이유가 무엇이라고 생각합니까?

____

____

예수님은 '무자비한 종 비유'를 통해 용서에 관해 가르치셨습니다. 예수님을 따르는 이들은 이미 많은 빚을 탕감받은 자들로, 다른 이들을 용서하도록 초대받은 사람들입니다. 다른 이들을 용서하는 일은 차고 넘치는 하나님의 복음입니다. 예수님을 따르려면 자신이 용서받았다는 사실을 기억하며, 다른 사람들을 용서하는 데까지 나아가야 합니다.

1. 그리스도인은 얼마나 용서해야 합니까?(마 18:21~22)

마태는 그리스도인이 자신에게 죄를 저지른 다른 그리스도인들을 어떻게 대해야 하는가에 관한 예수님의 가르침을 전합니다.

²¹그때에 베드로가 나아와 이르되 주여 형제가 내게 죄를 범하면 몇 번이나 용서하여 주리이까 일곱 번까지 하오리이까 ²²예수께서 이르시되 네게 이르노니 일곱 번뿐 아니라 일곱 번을 일흔 번까지라도 할지니라

Q 용서를 어떻게 정의할 수 있을까요?

Q 다른 사람을 용서하기 어렵게 만드는 것은 무엇입니까?

랍비 유대교는 한 사람을 세 번까지 용서하면 용서의 정신을 충분히 보여 준 것이라고 가르쳤습니다. 이는 인간에 대한 하나님의 행동을 다룬 구약성경 본문에 따른 것입니다(욥 33:29~30; 암 1:3; 2:6). 그러나 보편적으로 1세기 유대인들은 사람이 의도적으로 죄를 짓고도 용서를 바라면 용서를 받을 자격이 없다고 생각했습니다.

이에 따르면 베드로는 당시 보편적으로 인정되던 횟수보다 두 배 이상으로 용서하겠다는 의지를 보인 것입니다. 그는 의미심장한 숫자 7을 언급했는데, 이는 '완전한' 용서를 의미하는 듯합니다. 예수님의 제자인 베드로는 하나님 나라의 윤리를 이해하려고 애쓰면서 보편적 기준 이상을 실천하고자 했던 것 같습니다.

예수님이 대답하신 말씀의 세부적인 내용에 관해서는 학자들 간에 이견이 있습니다. 번역본에 따라 "일곱 번을 일흔 번"이라고 번역되기도 하고, "일흔 번씩 일곱 번"으로 번역되기도 합니다. 그러나 어떤 번역본을 따르건, 요점은 같습니다. 예수님은 몇 번을 용서해야 하는지 구체적인 횟수를 알려 주신 것이 아닙니다. 용서의 횟수는 중요하지 않습니다. 예수님은 믿는 자들이 한량없이 완전하게 용서하기를 바라시기 때문입니다. 예수님은 베드로에게 대답하신 후 이런 내용을 비유로 가르치셨습니다. 그리스도인이 거듭해서 용서해야 하

는 까닭은 이미 무수한 죄를 한량없이 용서받았기 때문입니다.

Q 어떤 잠재적 반론에서 "일곱 번을 일흔 번"이나 용서해야 한다는 말이 나왔을까요?

Q 교회 안에서 이루어지는 은혜와 용서는 믿지 않는 사람들에게 어떤 영향을 줄까요?

2. 그리스도인은 용서받은 자들입니다(마 18:23~27)

23 그러므로 천국은 그 종들과 결산하려 하던 어떤 임금과 같으니 24 결산할 때에 만 달란트 빚진 자 하나를 데려오매 25 갚을 것이 없는지라 주인이 명하여 그 몸과 아내와 자식들과 모든 소유를 다 팔아 갚게 하라 하니 26 그 종이 엎드려 절하며 이르되 내게 참으소서 다 갚으리이다 하거늘 27 그 종의 주인이 불쌍히 여겨 놓아 보내며 그 빚을 탕감하여 주었더니

예수님은 제자들에게 하나님 나라가 어떠한지를 가르치기 위해 이 이야기를 들려주셨습니다. 한 종이 왕에게 일만 달란트를 빚졌습니다. 여기서 일만 달란트란 절대로 갚을 수 없을 만큼 큰 빚을 뜻합니다. 웬만한 사람이 평생 벌 수 있는 돈보다 많은 금액입니다. 이 이야기에서 왕은 종을 무자비하게 대하거나 불공평하게 대하지 않습니다. 그저 그가 갚아야 하는 빚을 그가 갚을 수 있는 만큼 갚게 하려던 것뿐입니다.

그 종은 자기 목숨과 가족들의 목숨을 구걸하면서 터무니없는 주장을 했습니다. 시간을 조금만 주면 빚을 갚겠다는 것이었습니다. 예수님은 시간이 얼마나 많이 지났는지 말씀해 주지 않으셨지만, 아마 그는 가진 돈을 오래전에 이미 다 써 버린 상황에서 빚을 청산해야 하는 지경에 이르렀을 것입니다.

 재정 상태 때문에 스트레스를 받아 본 적이 있습니까?

그때 어떤 감정을 느꼈습니까?

예상과 달리 왕은 부채 상환을 요구하지 않고, 막대한 빚을 탕감해 주는 반전을 보여 주었습니다. 이야기를 듣던 사람들은 틀림없이 경악했을 것입니다. '세상에, 왕이 그 많은 빚을 그냥 탕감해 주었다고?' 왕의 몇 마디 말로 종은 금전적 속박에서 벗어났고, 그의 온 가족이 평생 호되게 치를 뻔했던 엄벌을 면하게 된 것입니다.

예수님이 밝혀 주신 바와 같이 이것은 신자들에 관한 이야기입니다. 우리는 이 이야기를 통해 하나님 나라를 엿볼 수 있습니다. 그 나라는 하나님께 무수한 죄를 범한 종들로 가득 찬 나라입니다. 그 종들이 진 '빚'은 일만 달란트를 훨씬 웃돌 것입니다. 하나님께 갚아 드리고 싶어도 도저히 갚을 수 없는 큰 빚인 것입니다.

분명한 것은 그때가 언제이든 빚에 관해 반드시 심판받게 되어 있다는 것입니다. 그러나 하나님은 예수님을 통해 빚을 탕감해 주심으로써 우리를 향한 하나님의 사랑을 확증하셨습니다.

"우리가 아직 죄인 되었을 때에 그리스도께서 우리를 위하여 죽으심으로 하나님께서 우리에 대한 자기의 사랑을 확증하셨느니라"(롬 5:8).

이 이야기에서 우리는 하나님

핵심교리 99

21. 자비로우신 하나님

'자비'란 하나님의 긍휼을 가리키는 것으로, 죄의 형벌을 사하시는 것으로 종종 나타납니다(엡 2:4~5; 딛 3:5). 인간에게 자비와 은혜는 과분합니다. 하나님의 자비와 은혜를 얻기 위해 인간이 할 수 있는 일이 아무것도 없다는 뜻에서 그렇습니다. 만약 할 수 있는 일이 있다면, 자비나 은혜는 더 이상 값없는 선물이 아닐 것입니다.

28

의 무조건적인 은혜를 보게 됩니다. 하나님은 용서를 구하는 사람들을 용서하심으로써 무기력해진 사람들을 도우십니다.

Q 하나님께 지은 죄를 용서받는 일과 큰 빚을 탕감받는 일은 어떤 점에서 비슷합니까?

Q 하나님이 예수님을 통해 베푸신 긍휼과 용서는 우리에게 어떤 영향을 줍니까?

3. 그리스도인은 타인을 용서하는 데까지 나아가야 합니다

(마 18:28~35)

> ²⁸그 종이 나가서 자기에게 백 데나리온 빚진 동료 한 사람을 만나 붙들어 목을 잡고 이르되 빚을 갚으라 하매 ²⁹그 동료가 엎드려 간구하여 이르되 나에게 참아 주소서 갚으리이다 하되 ³⁰허락하지 아니하고 이에 가서 그가 빚을 갚도록 옥에 가두거늘 ³¹그 동료들이 그것을 보고 몹시 딱하게 여겨 주인에게 가서 그 일을 다 알리니 ³²이에 주인이 그를 불러다가 말하되 악한 종아 네가 빌기에 내가 네 빚을 전부 탕감하여 주었거늘 ³³내가 너를 불쌍히 여김과 같이 너도 네 동료를 불쌍히 여김이 마땅하지 아니하냐 하고 ³⁴주인이 노하여 그 빚을 다 갚도록 그를 옥졸들에게 넘기니라 ³⁵너희가 각각 마음으로부터 형제를 용서하지 아니하면 나의 하늘 아버지께서도 너희에게 이와 같이 하시리라

예수님이 청중의 이목을 사로잡는 능력을 발휘하시는 장면이 펼쳐집니다. 이어서 예수님은 왕에게서 막대한 빚을 탕감받은 종이 이후 자신에게 빚진 동료를 만나는 이야기를 들려주셨습니다.

종은 막대한 빚을 탕감받자마자 자신과 똑같은 허물이 있는 동료의 숨통을 조이기 시작했습니다. 두 번째 종은 첫 번째 종과 똑같이 시간을 주면 갚겠다고 간청했습니다.

그런데 무자비한 종이 보여 준 모습은 우리가 다른 사람들을 대하는 태도와 별반 다르지 않습니다. 우리는 죄를 용서받았으면서도 다른 사람들의 죄는 용서하지 못합니다. 우리는 종종 다른 사람들의 잘못을 지적하곤 하는데, 자신은 이미 그 죄를 해결했다고 여기기 때문입니다. '무자비한 종 비유'는 허물을 용서받았으면서도 타인을 용서하지 못하는 우리를 하나님이 어떻게 보시는가를 보여 줍니다.

Q 우리는 자신에게 잘못한 사람에게 어떤 방식으로 복수하곤 합니까?

____

____

Q 어떻게 하면 복수하고 싶은 욕망을 억누르고, 그리스도 안에서 우리가 체험한 자비를 실천할 수 있을까요?

____

____

첫 번째 종이 두 번째 종에게 한 행동은 보통 상황에서는 당연한 것으로 여겨졌겠지만, 그가 어마어마한 빚을 탕감받은 상황에서 한 행동이었기 때문에 동료 종들은 큰 충격을 받았습니다. 그래서 종들은 자신들이 목도한 광경을 주인에게 보고했습니다. 의분을 느낀 주인은 첫 번째 종을 불러 그의 야박한 마음을 꾸짖으며, 은혜 입은 자는 은혜를 베풀어야 한다고 지적합니다(33절).

이로 인해 악한 종은 무거운 벌을 받게 됩니다(34절). 자신은 용서를 받았으면서 다른 사람들을 용서하지 않는 "악한" 자들은 준엄한 심판을 받게 될 것입니다. "옥졸들에게" 넘겨진 것으로 번역되었지만, 실상은 조금 달랐습니다. 헬라어 원문의 단어 뜻은 "고문하는 자들에게"입니다. 즉 악한 종은 빚을 다 갚을 때까지 고문을 당해야 했는데, 이는 그가 진 빚이 얼마나 엄청난지를 보여 줍니다.

21세기를 살아가는 그리스도인으로서 우리는 이 비유를 한낱 옛날이야기로 치부해서는 안 됩니다. 35절에서 예수님은 분명한 지적으로 용서에 관한 가르침의 결론을 맺으셨습니다. 용서를 받았으면서도 용서하지 않는 사람들은 악한 종과 같은 처지가 된다는 것입니다. 여기서 예수님은 힘주어 말씀하십니다. "용서하라. 용서하지 아니하면, 하나님의 심판을 받게 되리라!"

> "용서하지 않는 그리스도인이란 존재는 있을 수 없습니다. 그리스도인이라면 용서해야 합니다. 복음의 능력으로 변화되었기에 용서할 수 있습니다."[2]
> _더글러스 션 오도넬

Q 용서하되 '마음으로부터' 용서하라는 예수님의 권고에서 어떤 도전을 받습니까?

____

____

Q 무자비한 종에 관한 예수님의 비유를 통해 무엇을 깨닫게 되었나요?

____

____

결론

우리는 창조주 하나님께 엄청난 죄를 지은 사람들입니다. 우리가 하나님께 진 죄는 첫 번째 종이 왕에게 진 빚처럼 도저히 갚을 수 없을 만큼 큽니다. 그러나 은혜롭게도 하나님이 우리에게 예수님을 보내 주셨습니다. 그리하여 예수님을 믿기만 하면, 우리 죄를 도말하시고 허물을 용서해 주십니다. 예수님이 우리 죄를 위해 우리를 대신해 십자가에서 죽으셨기에, 우리는 한량없는 용서를 받았습니다. 그러나 우리는 자기 죄가 얼마나 심각한지를 하나님이 아시는 만큼 알지 못합니다. 상대적으로 덜한 죄란 없습니다. 의롭고 자비로우신 하나님이 우리를 위해 그리스도 안에서 행하신 방식이 아니고서는 도저히 용서받을 수도, 갚을 수도, 바로잡을 수도 없는 것이 우리 죄입니다.

그러나 우리는 종종 성령의 능력으로 행하는 데 실패하고, 다시 악한 행동으로 되돌아가 다른 사람들을 용서하지 않는 쪽을 선택하고 맙니다. 예수님은 하나님 나라에 속한 자들이 그러한 삶을 사는 것을 나무라십니다. 왜냐하면 하나님 나라는 용서로 특징지어지기 때문입니다. 십자가에서 고통으로 가장 어두운 시간을 보낼 때도 예수님은 자신을 죽음으로 내몬 자들을 용서해 달라고 하나님께 간청하셨습니다(눅 23:34).

베드로의 질문에 예수님이 들려주신 이야기는 우리가 하나님 나라에서 사는 법에 대해 많은 것을 배워야 한다는 것을 알려줍니다. 우리는 이미 용서받았으므로 용서하는 사람이 되어야 합니다. 용서하지 못한다는 것은 복음으로 변화되지 않았다는 뜻이며, 그런 사람에게는 가혹한 심판이 임할 것입니다. 용서하지 못하는 사람들은 주님의 이름으로 선지자 노릇을 했지만, 예수님이 도무지 알지 못한다고 하신 자들과 같습니다(마 7:21~23). 그러나 주님은 주님이 용서하신 사람들을 친밀하게 아시고, 그들은 예수님의 본을 따라 타인을 용서합니다.

> *"이웃을 사랑할 때는 자신이 대접받고 싶은 대로, 나아가 하나님께 은혜받은 대로 사랑해야 합니다. 이것이 바로 기독교 제자도의 핵심입니다."*[3]
>
> _데이비드 웬햄

그리스도와의 연결

우리가 하나님께 지은 죗값은 너무도 커서, 어떤 노력으로도 조금도 갚을 수 없습니다. 예수 그리스도께서 우리 죄를 대신해 십자가에서 죽으셨고, 그 은혜에 힘입어 우리는 용서를 받을 수 있게 되었습니다. 하나님은 아들의 피로 죄인 명부에서 우리 이름을 지워주셨습니다.

하나님의 계획
우리의 사명

하나님은 우리가 하나님의 용서를 드러내 전하려면, 서로서로 용서하는 모범을 보여야 한다고 말씀하십니다.

1. 예수님의 복음을 증거하는 데 그리스도인이 베푸는 한량없는 용서는 어떻게 도움이 됩니까?

   ____

   ____

   ____

2. 하나님이 베푸시는 죄 용서를 경험한 적이 있나요? 구체적으로 어떤 상황이었습니까?

   ____

   ____

   ____

3. 아직 용서하지 못한 사람이 있나요? 하나님께 받은 은혜 때문에라도 그 사람에게 마음에서 우러나는 용서를 보여 줄 수 있겠습니까?

   ____

   ____

   ____

무자비한 종 비유

*
금주의 성경 읽기
습 1~3장;
왕하 22~23장;
대하 34~35장

선한 사마리아인 비유

신학적 주제 '이웃 사랑'이란 자기 의가 아닌 긍휼의 마음으로 섬기는 것을 의미합니다.

Session 3

토론 과정에서 종종 "질문이 잘못되었습니다"라는 말이 나오곤 합니다. 잘못된 질문은 잘못된 대답을 하는 것과는 다릅니다. 누군가 "당신은 잘못된 질문을 하고 있습니다"라고 말한다면, 대화의 방향을 수정해야 한다는 뜻입니다. 새로운 시각과 상상력이 열려야 합니다.

> "하나님의 말씀이 보이기 시작했다면, 우리의 말도 보여 줄 수 있어야 합니다. 행동으로 보여 주지 않는다면, 하나님의 사랑을 진정성 있게 전할 수 없습니다."[1]
>
> _존 스토트

교사로서 예수님은 당시 청중이 전혀 예측하지 못한 방식으로 이야기를 들려주시거나, 질문을 바꿔서 이야기를 전하곤 하셨습니다. 이번 세션에서는 예수님이 이 두 가지를 어떻게 활용하셨지를 살펴볼 것입니다.

Q 상황을 다른 각도에서 보기 위해 질문을 바꿔서 생각해 본 적이 있습니까?

Date . .

 **질문을 바꾼 후 생각이 어떻게 달라졌습니까?**

이 세션에서는 '선한 사마리아인 비유'를 배우게 될 것입니다. 한 율법 교사가 예수님께 다가와 어떻게 해야 영생을 얻을 수 있는지를 묻고, 율법을 '하나님을 사랑하라'와 '이웃을 사랑하라'는 두 계명으로 요약했습니다. 그가 "내 이웃이 누구입니까?" 하고 질문하자, 예수님은 곤경에 처한 한 사람과 그 사람에게 예상 밖의 자비를 베푼 사마리아인의 이야기를 들려주셨습니다. 그리스도인에게 '선한 사마리아인 비유'는 하나님이 우리에게 베푸신 긍휼 때문에 우리도 우리에게 도움을 청하는 사람들에게 긍휼을 베풀어야 한다는 사실을 일깨워 줍니다.

1. 하나님을 사랑하고, 이웃을 사랑하는 것이 율법의 핵심입니다(눅 10:25~28)

25어떤 율법교사가 일어나 예수를 시험하여 이르되 선생님 내가 무엇을 하여야 영생을 얻으리이까 26예수께서 이르시되 율법에 무엇이라 기록되었으며 네가 어떻게 읽느냐 27대답하여 이르되 네 마음을 다하며 목숨을 다하며 힘을 다하며 뜻을 다하여 주 너의 하나님을 사랑하고 또한 네 이웃을 네 자신같이 사랑하라 하였나이다 28예수께서 이르시되 네 대답이 옳도다 이를 행하라 그러면 살리라 하시니

질문에 질문이 이어지고 있습니다. 누군가 잘난 척하기 위해 질문하는 것을 본 적이 있습니까? 다시 말해서, 정말로 궁금해서 묻는 것이 아니라 자신이 이미 알고 있는 지식을 과시하기 위해 묻는 경우 말입니다. 사람들은 자신을

정당화하거나 남들 앞에서 자신의 능력을 과시하고 싶을 때 질문을 하곤 하는데, 본문의 상황이 바로 그런 경우입니다.

어떤 사람은 율법 교사가 죽은 후에 하늘나라에 가는 것에 관해 질문한 것이라고 생각할 수 있습니다. 그러나 1세기의 상황에서 이 질문은 다른 의미를 담고 있었습니다. '영생을 얻는 것'에 관한 질문에는 이런 뜻도 있었습니다. "메시아가 이 땅에 오셔서 통치하실 때, 나도 하나님 나라에 속하게 되리라는 것을 어떻게 하면 확신할 수 있습니까? 하나님이 자기 백성에게 돌아오셔서 모든 것을 바로잡으실 때, 내가 그 안에 속하리라는 것을 어떻게 하면 확신할 수 있습니까?"

예수님이 그에게 어떻게 대답하셨는지 보십시오. "율법에 무엇이라 기록되었으며 네가 어떻게 읽느냐"(눅 10:26). 다시 말해서, "너는 율법 교사이니, 율법이 무엇이라 가르치는지를 말해 보라"고 말씀하신 것입니다. 예수님은 종종 누군가 질문을 하면, 다른 질문으로 되묻곤 하셨습니다. 질문 뒤에 숨은 뜻을 드러내기 위함인데, 바로 여기서 그 방식을 쓰셨습니다.

Q 예수님은 어떤 뜻에서 율법 교사의 질문에 그렇게 대답하셨을까요?

Q "네 마음을 다하며 목숨을 다하며 힘을 다하며 뜻을 다하여 주 너의 하나님을 사랑하라"고 하셨는데, 이것은 어떤 의미이며 왜 중요할까요?

예수님은 율법 교사의 대답을 반기셨습니다. 그는 정답을 말했습니다. 예수님이 율법을 요약하신 것과 똑같이 말한 것입니다(마 22:36~40). 그래서 예수님은 그에게 "이를 행하라 그러면 살리라"라고 말씀하셨습니다.

오늘날 그리스도인들은 과연 예수님이 율법의 성취가 곧 영생을 얻는 길이라고 가르치셨는지 궁금해할 것입니다. 정말로 예수님은 하나님을 사랑하고, 이웃을 사랑해야 하나님 나라에 속할 수 있다고 말씀하신 걸까요? 놀랄 수도 있겠지만, 답은 '그렇다'입니다. 하나님의 율법에 온전히 복종해야만, 즉 하

나님과 이웃을 사랑하고, 하나님과 이웃에
온전히 헌신하는 것으로 요약할 수 있는 율
법에 순복해야만 구원에 이를 수 있습니다.
예수님은 "어떻게 해서든 온전히 행하라.
그러면 살리라"고 말씀하셨습니다.

> "'사람됨'이란 다른 사람을 존중
> 함으로써 하나님께 충성하는
> 것이며, 창조주 하나님을 기리
> 는 세상을 보살피는 데 마음을
> 기울이는 것입니다."[2]
>
> _빈센트 바코트

그러나 우리는 율법 교사의 그다음
질문에서 그의 속마음을 들여다볼 수 있습니다. "과연 누가 하나님과 이웃을
그처럼 온전하게 늘 사랑할 수 있겠습니까?"

Q 만약 예수님이 직접 하나님을 사랑하고 다른 사람들을 사랑해야만 영생을 얻을 수 있
다고 말씀해 주신다면, 어떻게 반응하겠습니까?

2. 이웃을 사랑하라는 것은 긍휼을 베풀라는 뜻입니다

(눅 10:29~35)

[29]그 사람이 자기를 옳게 보이려고
예수께 여짜오되 그러면 내 이웃
이 누구니이까 [30]예수께서 대답하
여 이르시되 어떤 사람이 예루살
렘에서 여리고로 내려가다가 강도
를 만나매 강도들이 그 옷을 벗기
고 때려 거의 죽은 것을 버리고 갔
더라 [31]마침 한 제사장이 그 길로 내려가다가 그를 보고 피하여 지나가
고 [32]또 이와 같이 한 레위인도 그곳에 이르러 그를 보고 피하여 지나가
되 [33]어떤 사마리아 사람은 여행하는 중 거기 이르러 그를 보고 불쌍히
여겨 [34]가까이 가서 기름과 포도주를 그 상처에 붓고 싸매고 자기 짐승
에 태워 주막으로 데리고 가서 돌보아 주니라 [35]그 이튿날 그가 주막 주

인에게 데나리온 둘을 내어 주며 이르되 이 사람을 돌보아 주라 비용이
더 들면 내가 돌아올 때에 갚으리라 하였으니

"내 이웃이 누구입니까?"라는 율법 교사의 질문은 의도된 것이었습니다.
그는 예수님 말씀의 위력을 알아차렸고, 언제 어디서든 하나님과 이웃을 사랑
해야 하는 책임이 막중함을 느꼈습니다. 그래서 "자기를 옳게 보이려고"(29절)
자기가 사랑해야 할 대상을 제한하고자 재차 질문한 것입니다. "내가 사랑해야
할 사람이 누구인지 말해 주면, 내가 그 사람을 사랑하고 있다는 것을 보여 주
겠습니다." 자기가 사랑할 수 있는 범주의 사람들로 사랑할 대상을 제한하려 한
것입니다.

이 질문에 관한 답은 예수님이 들려주신 이야기들 가운데 가장 유명한
것 중 하나가 되었으니, 바로 '선한 사마리아인 비유'입니다. 이 이야기는 시작
부터 극적입니다. 예수님은 먼저 유대인일 것 같은 한 사람을 소개하고, 그가
예루살렘에서 여리고로 가는 길에 강도를 만났다고 말씀하십니다. 이어서 상
당히 존경받는 두 명의 인물이 등장합니다. 제사장과 레위인입니다. 두 사람 모
두 종교 지도자들이며 둘 다 유대인입니다. 고통받는 사람을 도울 것으로 예상
되는 사람들입니다. 그러나 그 둘은 죽어 가는 사람을 버려두고 멀찌감치 돌아
갔습니다.

Q 두 종교 지도자가 고난에 처한 사람을 그냥 지나친 이유가 무엇이라고 생각합니까?

Q 인정을 베풀지 않고 '피하여 지나가고' 싶을 때, 우리는 어떤 핑계를 대곤 합니까?

놀랍게도 부상당한 유대인을 보살피기 위해 멈춘 사람은 사마리아인이
었습니다. 예수님 시대에 유대인들은 종교와 민족적 이유 때문에 사마리아인
들을 경멸했습니다. 사마리아인이 그 이야기의 주인공이 되고, 민족과 문화의
경계를 넘는 장본인이 된다는 것은 당시에 물의를 빚을 만한 이야기였습니다.

이 이야기를 오늘날에 적용해 보면, 부상당한 한 그리스도인이 있었는데 두 명의 그리스도인은 못 본 척 지나갔고, 이슬람교도가 그를 보살펴 주었다는 것과 같습니다. 또 미국 노예 시대에 남부 중심가에서 고통스러워하는 한 백인을 지나가던 흑인 노예가 보살펴 준 것과도 같습니다.

이 비유는 도전적으로 들리지만, 새로운 시각과 상상력을 열어 줍니다. 그리고 많은 질문을 야기합니다. 왜 사람들은, 심지어 종교 지도자들까지도 마땅히 베풀어야 할 긍휼을 베풀지 못하는가? 긍휼이란 무엇인가? 다른 사람들의 안녕을 위해 우리는 어떻게 긍휼을 베풀고, 얼마나 책임감을 느껴야 하는가?

Q 상처 입은 사람을 돕기 위해 사마리아인이 보여 준 희생적인 행동에서 무엇을 배울 수 있습니까?

Q 어떻게 하면 도움이 필요한 사람들에게 실제적인 긍휼을 베풀 수 있을까요?

핵심교리 99   **90. 사회적 관심**

모든 그리스도인은 자기 삶과 인간 사회에서 그리스도의 뜻을 최우선으로 삼아야 할 의무가 있습니다. 사회를 개선하고, 사람들 사이에 의로움을 세우기 위한 수단과 방법들은 예수 그리스도 안에 있는 하나님의 구원의 은혜로 말미암아 거듭난 개인들 안에 뿌리를 박고 있을 때만 진정으로, 그리고 영구적으로 도움이 될 수 있습니다. 그리스도인은 그리스도의 정신에 따라 인종차별, 탐욕, 이기심, 악덕, 그리고 간음과 동성애와 포르노를 포함한 모든 형태의 성적 부도덕에 저항해야 합니다. 우리는 고아, 노인, 가난한 자, 학대받는 자, 무력한 자, 병든 자들의 필요를 채워 주기 위해 노력해야 합니다. 우리는 태어나지 않은 태아들을 대변해야 하고, 잉태에서 자연적인 죽음에 이르기까지의 모든 인간 생명의 존엄성을 주장해야 합니다. 모든 그리스도인은 의와 진리 그리고 형제애의 원칙을 따라 정부, 기업, 사회가 전체적으로 움직이도록 노력해야 합니다. 이러한 목적을 위해 그리스도인은 그리스도와 그분의 진리를 따르는 데 있어서 타협함이 없이 항상 사랑의 정신으로 정중하게 행동하면서 선한 목적으로 선한 뜻을 가진 모든 사람과 협력할 준비가 되어 있어야 합니다(미 6:8; 엡 6:5~9; 살전 3:12).

3. 예수님께 받은 긍휼을 다른 사람들에게도 베풀어야 합니다(눅 10:36~37)

36네 생각에는 이 세 사람 중에 누가 강도 만난 자의 이웃이 되겠느냐 37이르되 자비를 베푼 자니이다 예수께서 이르시되 가서 너도 이와 같이 하라 하시니라

예수님이 질문을 어떻게 바꾸셨는지 눈치챘습니까? 율법 교사는 "내 이웃이 누구입니까?" 하고 물었는데, 이것은 "내가 누구를 내 이웃으로 보아야 합니까?"라는 말과 같습니다. 예수님의 질문은 달랐습니다. 예수님의 초점은 "네가 누구에게 이웃이 되어 줄 수 있는가?"였습니다. 예수님은 '이웃'의 범주를 제한하지 않고, 그 한계를 확장하셨습니다.

예수님이 들려주신 이야기에 등장하는 사마리아인을 그다지 언급하고 싶지 않았던 것인지 율법 교사는 이렇게 간단히 대답했습니다. "자비를 베푼 자니이다." 예수님은 그에게 가서 그와 같이 하라고 말씀하셨습니다. 자비를 베푸는 사람이 되라는 뜻입니다. 그것은 소수의 이웃들에게 베풀어 '긍휼'의 양을 채우라는 뜻이 아닙니다. 도움이 필요한 사람들에게 자비를 베푸는 인격을 갖추라는 뜻입니다. 예수님의 이야기의 핵심은 의무를 완수한다는 자세로 행위 목록을 실행하지 말고, 진심에서 우러나는 변화를 가져야 한다는 것이었습니다.

 **자비를 베푸는 행동과 자비로운 사람이 되는 것의 차이는 무엇입니까?**

몇 세기가 지난 뒤에야 성경 독자들은 선한 사마리아인의 이야기가 바로 예수님에 관한 알레고리임을 깨달았습니다. 그러나 이 비유를 알레고리로만 읽고 해석하면, 그 문학 형식과 맥락을 무시하는 셈이 됩니다. 누가는 예수님이야말로 우리에게 긍휼을 베풀기 위해 오셔서 막대한 대가를 치르신 분이라는

암시를 이 비유 속에 담았을 가능성이 높습
니다. 예수님은 우리가 속수무책으로 쓰러
져 있을 때, 우리의 안녕을 위한 대가를 치
르시고 긍휼을 베풀어 주신 '위대한 사마리
아인'이셨습니다.

이것은 율법 교사가 배워야 할 교훈
중 하나였습니다. 그는 율법을 두 가지 주요
계명으로 요약하고 자기 이웃의 범주를 제한하면, 자기를 옳게 보일 수 있을 것
으로 생각했습니다. 그러나 예수님은 비유를 들려주심으로써 그의 모든 생각
을 부수셨습니다. 우리는 구원하시는 하나님의 긍휼과 자비를 신뢰해야 합니
다. 그래야만 다른 사람들에게도 긍휼과 자비를 베풀 수 있습니다.

"가서 너도 이와 같이 하라"(눅 10:37).

이 비유의 끝에 다다르면, 예수님의 가르침이 주는 묵직함을 느낄 수 있
습니다. 예수 그리스도의 죽음과 부활을 통해 하나님께 긍휼을 입은 그리스도
인에게는 도움이 필요한 사람들에게 자비를 베풀며 이웃을 사랑해야 할 사명
이 있습니다.

> *"여기서 예수님이 제기하신 문제는 누가 우리 이웃인가를 정의 또는 제한하는 것이 아닙니다. … 사회가 외면하고 비난하는 사람들에게조차 이웃이 되어 주어야 한다는 것입니다."*[3]
> _스탠 거스리

Q 긍휼을 베풀지 못한다면, 그리스도인이라고 할 수 있을까요?

____

____

Q 우리가 행하는 구제 사역은 우리에게 베푸신 하나님의 자비에 관한 믿음을 어떻게 뒷
받침해 줍니까?

____

____

결론

이 세션의 이야기는 우리로 하여금 질문하도록 돕습니다. 상상의 문을 열고, 생각의 틀을 바꾸게 하기에 사물을 다르게 바라볼 수 있게 됩니다. 지금까지 예수님의 이야기를 읽고, 예수님이 율법 교사의 질문을 어떻게 바꾸셨는지를 살펴봤습니다. 이제 자신의 삶과 마음에 관해 새로운 질문을 던질 차례입니다.

어떻게 하면 교회가 인류를 향한 하나님의 놀랍고도 지속적인 사랑을 드러내는 현장이 될 수 있을까요? 어떻게 하면 누구에게나 자비와 긍휼을 베푸시는 주님을 민족이나 문화적 배경에 상관없이 전할 수 있을까요? 어떻게 하면 자기 정당화를 하지 않고, 자기 의를 자랑하지 않으면서 이웃을 사랑할 수 있을까요? 어떻게 하면 '긍휼한 행동을 하는 사람'에서 '도움이 필요한 사람에게 넘치는 긍휼을 흘려보낼 수밖에 없는 사람'이 될 수 있을까요? 어떻게 하면 도움을 절실히 필요로 하는 사람을 그냥 지나쳐 버리고 핑계를 대는 사람이 되지 않을 수 있을까요?

'선한 사마리아인 비유'가 이 모든 질문에 답을 주는 것은 아닙니다. 그러나 예수님이 들려주신 이야기는 우리 마음과 정신에 불을 지피고 우리의 질문을 바꾸어 우리가 하나님께 받은 사랑을 다른 사람들에게 베풀며 살아가도록 부름받았다는 사실을 일깨워 줍니다.

그리스도와의 연결

예수님이 들려주신 선한 사마리아인 이야기는 당시 청중에게 충격적이었습니다. 그런데 이보다 더 놀라운 이야기는 하나님이 하나님의 원수로 있던 우리를 구원하시기 위하여 그 아들을 보내어 희생하셨다는 사실입니다. 죄와 허물로 죽은 우리는 마치 강도 맞아 죽게 된 유대인과 같은 자였습니다. 유대인에게 멸시를 받던 사마리아인이 강도 맞은 자를 구원한 것처럼, 우리에게 멸시를 받은 예수님이 우리를 구원하러 오신 것입니다. 이 비유의 사마리아인은 바로 예수님이 행하시는 선한 일을 나타내 보입니다.

**하나님의
계획**
우리의 사명

하나님은 우리에게 도움이 필요한 사람들에게 긍휼을 베풂으로써 우리를 향한 하나님의 긍휼이 얼마나 아름다운지를 드러내라고 말씀하십니다.

1. 자신과 다른 부류의 사람을 대하는 방식과 관련해 선한 사마리아인 비유는 어떤 도전을 줍니까?

   ____

   ____

   ____

2. 교회/공동체는 어떻게 예수님의 이름으로 지역사회에 긍휼을 나타낼 수 있을까요?

   ____

   ____

   ____

3. 복음을 전할 수 있도록 다른 사람들의 이웃이 되어 자비를 베풀 기회를 주실 것을 하나님께 간구하는 기도문을 써 보십시오.

   ____

   ____

   ____

선한 사마리아인 비유

*
금주의 성경 읽기
합 1~3장;
욜 1~3장

탕자 비유

 **신학적 주제** 〉 하나님은 죄인이 회개하고 하나님께 돌아오면 언제나 기뻐하십니다.

Session **4**

자녀를 잃었다가 다시 찾는 이야기, 열망하던 일을 성취하는 이야기, 유배되었다가 돌아오는 이야기들은 우리의 심금을 울립니다. 왜 그럴까요? 이런 이야기들은 잃어버렸다가 되찾고 속박되었다가 자유로워지는 죄인들의 이야기로서 세상살이의 위대한 여정을 반영하기 때문입니다.

Q 잃어버렸다가 다시 찾은 사람에 관해 다루는 책이나 영화를 본 적이 있습니까?

Q 이런 이야기들이 우리의 심금을 울리는 이유는 무엇일까요?

Date   .   .

이 세션에서는 예수님이 들려주신 잃어버린 두 아들을 사랑하는 아버지에 관한 비유를 배울 것입니다. 이 이야기에서 우리는 죄악 된 인간의 모습과 은혜가 충만하신 하나님의 모습을 보게 됩니다. 우리는 어떤 죄인이라도 품에 안아 주시는 하나님의 선하심을 기뻐하도록 부름받았음을 기억해야 합니다.

1. 우리는 탕자처럼 하나님을 거역하며 하나님이 주신 좋은 선물을 탕진해 왔습니다(눅 15:11~19)

11또 이르시되 어떤 사람에게 두 아들이 있는데 12그 둘째가 아버지에게 말하되 아버지여 재산 중에서 내게 돌아올 분깃을 내게 주소서 하는지라 아버지가 그 살림을 각각 나눠 주었더니 13그 후 며칠이 안 되어 둘째 아들이 재물을 다 모아 가지고 먼 나라에 가 거기서 허랑방탕하여 그 재산을 낭비하더니 14다 없앤 후 그 나라에 크게 흉년이 들어 그가 비로소 궁핍한지라 15가서 그 나라 백성 중 한 사람에게 붙여 사니 그가 그를 들로 보내어 돼지를 치게 하였는데 16그가 돼지 먹는 쥐엄 열매로 배를 채우고자 하되 주는 자가 없는지라 17이에 스스로 돌이켜 이르되 내 아버지에게는 양식이 풍족한 품꾼이 얼마나 많은가 나는 여기서 주려 죽는구나 18내가 일어나 아버지께 가서 이르기를 아버지 내가 하늘과 아버지께 죄를 지었사오니 19지금부터는 아버지의 아들이라 일컬음을 감당하지 못하겠나이다 나를 품꾼의 하나로 보소서 하리라 하고

예수님 당시 문화에서는 아버지가 죽으면 대개 그 아들들이 가족의 자산과 부동산을 포함하는 상당한 유산을 물려받았습니다. 그러나 예수님의 비유에서 작은아들은 유산을 너무 일찍 요구합니다. 오늘날로 치면, 십 대 소년이 아버지의 얼굴에 침을 튀기며, "아버지가 죽어 버렸으면 좋겠어!" 하고 소리치

는 것과도 같습니다. 아버지가 죽기 전에 유산을 요구한다는 것은 아버지가 죽기까지 기다릴 수 없다는 뜻입니다. 작은아들은 아버지와의 관계가 무너질지라도 아버지가 줄 수 있는 것을 당장 받기를 원했습니다.

더욱 놀라운 것은 아버지가 작은아들의 요구를 들어주었다는 사실입니다. 이 아버지는 두 아들 모두에게 유산을 미리 나누어 주었습니다(12절, "각각 나누어"). 이때 맏아들이 나서서 아버지와 작은아들 사이를 중재했더라면, 아버지는 공개적인 망신을 피할 수 있었을 것입니다. 그러나 맏아들은 가족 관계를 회복하려는 노력은 하지 않은 채, 조용히 자신의 이익만 챙겼습니다. 아버지의 명예를 지키고자 애쓰지도, 동생의 행동을 꾸짖지도 않았습니다. 유산을 챙긴 맏아들은 아무 일도 없었다는 듯 조용히 지냈습니다. 그는 침묵으로 묵묵부답했습니다.

예수님은 잃어버린 사람의 두 가지 유형을 묘사하셨습니다.

첫째 유형은 공개적으로 반항하는 사람으로 '대놓고' 죄짓는 작은아들입니다.

둘째 유형은 죄인인지 아닌지 분간하기 어려운 맏아들입니다. 맏아들은 하나님과 가까운 것처럼 보이지만, 실제로는 먼 사람을 가리킵니다.

Q 작은아들이 아버지에게 주장하던 것을 우리는 어떤 식으로 하나님께 주장하고 있습니까?

Q 우리는 어떻게 하나님의 복에 따르는 책임은 무시하고 복만 누리고자 합니까?

예수님의 극적인 비유는 작은아들이 새로 얻은 재산을 현금으로 바꾸는 것으로 이어집니다. 배은망덕한 짓을 한 탕자는 이후 먼 나라로 가서 부주의하게 생활하다가 모든 재산을 날렸습니다. 그는 자기 돈과 인생을 낭비한 결과 비참한 상황에 처하게 되었습니다. 예수님은 탕자가 자기 발로 나가서 스스로 먼 나라 백성의 일꾼이 되었다고 말씀하셨습니다.

예수님은 유대 백성들로 하여금 탕자가 하나님을 알지 못하는 이방인들을 위해 일하게 된 상황을 은근히 깨닫게 하셨습니다. 예수님은 탕자가 들에서 돼지를 먹이는 일을 하게 되었다고 말씀하십니다. 작은아들은 이방인을 위해 일할 뿐 아니라, 동물 중에서도 유대인이 제일 더럽게 여기며 멸시하는 돼지를 먹이는 일까지 하게 된 것입니다. 탈무드는 "화로다, 돼지 치는 사람이여!"라고 말합니다. 예수님의 청중 가운데 유대인들은 작은아들이 지은 끔찍한 죄에 틀림없이 기겁했을 것입니다.

> "마음속 은밀한 생각을 들으신 분이 달려오십니다. 아무리 멀리 떨어져 있어도 그분이 보시고 달려오십니다. 그분은 우리 마음을 보고 계십니다. 누군가 가로막을지라도 그분은 달려와 우리를 품에 안아 주십니다. 미리 알고 달려오시며, 자비로 품에 안으시고, 아버지의 사랑을 나누어 주십니다."[1]
>
> _암브로시우스

Q 하나님이 주신 좋은 선물들 중에 오늘날 우리가 쉽게 낭비하는 것들은 무엇입니까?

Q 하나님의 선물들을 낭비하면 노예 상태가 되는 이유는 무엇입니까?

2. 하나님은 탕자의 아버지처럼 회개하는 죄인들을 반기십니다(눅 15:20~24)

[20]이에 일어나서 아버지께로 돌아가니라 아직도 거리가 먼데 아버지가 그를 보고 측은히 여겨 달려가 목을 안고 입을 맞추니 [21]아들이 이르되 아버지 내가 하늘과 아버지께 죄를 지었사오니 지금부터는 아버지의 아들이라 일컬음을 감당 하지 못하겠

나이다 하나 [22] 아버지는 종들에게 이르되 제일 좋은 옷을 내어다가 입히고 손에 가락지를 끼우고 발에 신을 신기라 [23] 그리고 살진 송아지를 끌어다가 잡으라 우리가 먹고 즐기자 [24] 이 내 아들은 죽었다가 다시 살아났으며 내가 잃었다가 다시 얻었노라 하니 그들이 즐거워하더라

작은아들의 어리석은 선택에도 불구하고 아버지는 아들을 향한 사랑을 멈추지 않았습니다. 아들과의 관계가 회복되기만을 소망했습니다. 아들과 다시 이야기를 나누고, 함께 웃고, 함께 시간을 보내기를 꿈꾸었습니다. 작은아들을 다시 보고 싶은 열망으로 아버지는 마을 어귀로 나가고 또 나가 그가 집으로 돌아오지 않을까 기대하며 지켜봤습니다.

점잖은 어른이라면 많은 사람이 보는 앞에서 절대로 껑충거리며 뛰어가서는 안 되었습니다. 그러나 아버지는 다른 사람들이 아들을 보면 그를 때리거나 내쫓거나 가문의 수치라며 공개적으로 비난하리라는 것을 알았습니다. 당시 유대 사회는 그런 망나니 같은 아들을 몹시 싫어했기 때문입니다. 그런 사회에서 점잖은 양반이 사람들이 보는 앞에서 거리 한복판을 허둥지둥 달려갔습니다.

이 이야기에서 아버지가 보인 행동의 특징을 나열해 보십시오.

이 특징들은 어떤 면에서 하나님의 성품을 나타낼까요?	어떻게 하면 이 특징들이 우리의 성품이 될 수 있을까요?

작은아들은 아버지의 무조건적 사랑에 놀라 준비해 온 말을 꺼내다가 더 이상 말을 잇지 못했습니다. 아들은 하나님과 아버지께 죄를 지었음을 알고, 이제 자신은 아들이라 불릴 자격도 없음을 거듭 인정했습니다.

아들은 가족의 일원이 될 자격도, 가족의 사랑을 받을 자격도 없음을 알았습니다. 자신이 지은 죄의 무게와 깊이를 느꼈고, 그동안 자신 때문에 아버지가 당했을 수치와 고통을 짐작할 수 있었습니다. 아들은 뼈저리게 뉘우쳤습니다. 아들은 자신을 종으로 부려 달라는 말을 차마 할 수 없었습니다. 그는 자신의 문제가 단지 돈 문제만은 아니었음을 깨달았습니다. 진짜 문제는 깨어진 관계였는데, 아버지의 한량없는 사랑 덕분에 이제 그 관계가 회복된 것입니다. 아버지는 그를 불량배나 믿음이 없는 자나 종이 아닌 아들로 받아주었습니다.

예수님의 비유에서 아버지는 아들을 단순히 받아주기만 한 것이 아닙니다. 마을 전체가 이 극적인 장면을 지켜보는 가운데, 아버지는 옷과 신발과 가락지를 가져오게 했습니다. 이것이 바로 구원입니다. 예수님은 양팔을 벌린 채로 인류를 향해 달려와 우리를 끌어안으실 뿐만 아니라, 우리 죄를 대신해 못 박히기까지 하셨습니다.

> **핵심교리 99**
>
> **68. 회개**
>
> 회개는 하나님의 은혜로운 구원의 부르심에 대한 응답입니다. 자기 죄에 대한 진정한 슬픔(눅 5:1~11), 자기 죄에서 돌이켜 그리스도께로 나아가는 것(행 26:15~20), 지속적인 변화와 변혁을 이루는 삶(시 119:57~60)을 수반합니다. 하나님의 중생 사역에 대응되는 인간 행위, 즉 사람 편에서 일어난 회심입니다.

Q 예수님의 이야기에서 아버지는 아들을 어떻게 환대해 주었나요?

____

____

Q 하나님은 우리를 어떻게 대해 주시나요?

____

____

3. 어떤 사람들은 맏아들처럼 하나님의 은혜에 분개하며 종교적 관습에만 집착합니다(눅 15:25~32)

25맏아들은 밭에 있다가 돌아와 집에 가까이 왔을 때에 풍악과 춤추는 소리를 듣고 26한 종을 불러 이 무슨 일인가 물은대 27대답하되 당신의 동생이 돌아왔으매 당신의 아버지가 건강한 그를 다시 맞아들이게 됨으로 인하여 살진 송아지를 잡았나이다 하니 28그가 노하여 들어가고자 하지 아니하거늘 아버지가 나와서 권한대 29아버지께 대답하여 이르되 내가 여러 해 아버지를 섬겨 명을 어김이 없거늘 내게는 염소 새끼라도 주어 나와 내 벗으로 즐기게 하신 일이 없더니 30아버지의 살림을 창녀들과 함께 삼켜 버린 이 아들이 돌아오매 이를 위하여 살진 송아지를 잡으셨나이다 31아버지가 이르되 얘 너는 항상 나와 함께 있으니 내 것이 다 네 것이로되 32이 네 동생은 죽었다가 살아났으며 내가 잃었다가 얻었기로 우리가 즐거워하고 기뻐하는 것이 마땅하다 하니라

예수님은 맏아들이 집에 돌아온 탕자 동생을 위해 잔치가 열린 것을 알게 된 장면을 묘사하셨습니다. 이런 경우 당시 문화에서는 맏아들이 지체 없이 집으로 달려가 잔치에 합류하는 것이 상례였습니다. 그러나 그는 그것을 참석할 가치가 없는 잔치로 여겼기 때문에 집 밖에서 아버지의 불공평한 행동에 불평하고 있었습니다. 그러자 아버지가 나와 거만하고 오만한 맏아들에게 집에 들어와 동생의 귀환을 축하하자고 설득했습니다.

두 아들은 각기 다른 방식으로 아버지의 사랑을 받아들이지 못했습니다. 맏아들은 선한 행동으로, 작은아들은 나쁜 행동으로 아버지의 사랑과 담을 쌓았습니다. 형은 집안에서 자신의 권리를 주장하기 위해 마지못해 행동했을 뿐 진정한 가족이 되지는 못했던 것입니다. 또한 아버지를 잘 모신다고 하면서도 정작 아버지의 마음과는 동떨어진 채 살았던 것입니다. 아버지를 거역했던 작은아들은 회개하고 돌아와 잔칫상을 받았지만, '그토록 착했던' 형은 투덜거리며 밖에 서 있었습니다.

Q '선한 행동'이 어떻게 하나님과의 관계를 멀어지게 할 수 있을까요?

____

____

Q 그리스도인으로서 자신의 삶은 종의 고된 삶에 가깝습니까, 아니면 잔칫상을 받은 아들의 삶에 가깝습니까? 그 이유는 무엇입니까?

____

____

____

예수님은 자비로운 아버지가 맏아들의 불평에 답하는 것으로 비유를 마무리하십니다. 아버지의 마지막 말을 들어보십시오. 맏아들은 '아버지'라는 존칭도 사용하지 않고 화를 내며 대들었지만, 아버지는 그를 "아들아" 하고 자상하게 불렀습니다(31절, 헬라어 원어 성경에는 '테크논' 곧 '아들'로 언급되어 있습니다 - 역주). 그에게 부자 관계를 상기시킨 것입니다. 아버지는 아들이 안으로 들어와 가족이 하나 되기를 진심으로 바랐습니다.

아버지는 소유나 성과나 순종의 문제에서 초점을 돌렸습니다. 아버지는 관계의 회복을 원했습니다. "너는 항상 나와 함께 있지 않느냐"(31절) 맏아들의 성실함이나 작은아들의 무모한 삶이 문제가 아니었습니다. 작은아들에게 스포트라이트가 비치는 것은 그가 했던 일 때문이 아니라 부자지간에 관계가 회복되었기 때문입니다.

아버지가 맏아들을 대하는 태도는 은혜로운 하나님의 전형적인 모습입니다. 하나님은 어디서나 누구나 회개하고 돌아오라고 부르십니다. 우리가 회개하면, 하나님은 우리를 보시며 "아들아!" 하고 불러주십니다. 그러니 우리는 예수님을 우리 주요 구주로 고백함으로써 하나님을 아버지로 모셔야 합니다.

> *"이전에는 즐거움과 의무가 맞섰으나, 주님의 아름다움을 본 후로는 더 이상 나뉘지 않게 되었다네."[2]*
>
> _존 뉴턴

Q 하나님을 향한 마음을 닫으면, 하나님의 용서를 발견하고 돌아오는 죄인들을 향한 마음까지 닫게 됩니다. 구체적으로 어떤 경우들이 있을 수 있을까요?

Q 복음은 닫힌 마음을 어떻게 변화시킵니까?

결론

예수님은 청중이 이야기의 결론(또는 해결책)을 손꼽아 기다리도록 만드시고는 비유를 마치셨습니다. 맏아들은 안으로 들어가 집안 잔치에 참여했을까요? 답은 우리들의 몫입니다. 우리 역시 이 이야기의 마지막 단계를 몸소 실천해 보라고 초대받은 셈입니다. 하나님의 집으로 들어가 하나님의 가족이 되겠습니까? 아니면 밖에 머물며 겉으로는 하나님과 가까워 보이지만 실은 하나님의 마음에서 멀어진 채로 살겠습니까? 아버지와 진정한 관계를 맺으려는 노력은 하지 않으면서 열심히 일만 하겠습니까? 집 안으로 들어와 잔치의 주인공이 되지 않겠습니까? 이 이야기의 대단원은 우리 손에 달려 있습니다.

그리스도와의 연결

바리새인들과 서기관들은 예수님이 죄인들을 환영하고 그들과 식사를 했다며 비난했습니다. 그들의 비난에 예수님은 이야기로 응수하셨고, 하나님이 회개하고 돌아오는 죄인들을 기뻐하신다고 말씀하셨습니다. 잃어버린 사람들을 찾아 구원하시는 하나님은 구주 예수님이십니다. 예수님은 친히 막대한 희생을 치르시며 죄인을 찾아 구원하시는 사역을 성취하십니다.

하나님의 계획
우리의 사명

우리는 하나님이 다른 이들에게 베푸시는 은혜에 분개할 것이 아니라, 회개하고 돌이키는 죄인을 반겨 주시는 하나님 아버지를 송축해야 합니다.

1. 죄에 빠졌을 때, 하나님 아버지께 나아가 용서를 구하는 데 탕자 비유는 어떤 도움을 줍니까?

____

____

____

2. 죄인이 회개하고 믿음으로 예수님께 돌아올 때, 교회/공동체는 하나님 아버지와 함께 어떻게 축하해 줄 수 있을까요?

____

____

____

3. 죄인들이 하나님께 돌아오는 데 방해가 되는 불필요한 장벽을 없애기 위해 우리가 할 수 있는 일은 무엇일까요?

____

____

____

탕자 비유

*
금주의 성경 읽기
렘 1~8장

바리새인과 세리 비유

 **신학적 주제** — **하나님은 겸손한 자를 높이시고, 높아진 자를 낮추십니다.**

홀륭한 교사는 지식을 전달하는 것 이상의 역할을 합니다. 학생들에게 논의되는 내용을 제대로 이해시키려고 노력합니다. 그래서 많은 예를 들어 주고, 그림을 그려 보여 줍니다. 어떻게 해서든 확실하게 이해시키려고 하는 것입니다. 이를 통해 학생은 시험 문제의 답을 단순히 외우는 것이 아니라, 개념을 제대로 파악하게 됩니다.

Q 학창 시절 최고의 선생님과 최악의 선생님은 누구였습니까? 두 선생님에게는 어떤 차이점이 있습니까?

기독교의 교리 가운데 하나는 "오직 믿음으로 말미암는 의"입니다. 이것은 자신의 노력이 아닌 그리스도와 그분의 사역을 믿음으로써 하나님 앞에서 의롭다고 선포된다는 가르침입니다. 이 교리는 믿음에 필수적입니다.

예수님은 '이신칭의'(Justification by faith)의 교리를 가르쳐 주셨습니다. 예수님은 이 교리를 유비적 방식으로 몸소 실천해 보이심으로써 가르치셨습니다. 교리의 핵심 진리를 이야기로 묘사하신 것입니다.

이 세션에서는 바리새인과 세리에 관한 예수님의 비유를 공부하며, 스스로 의롭게 여기는 것의 위험과 긍휼히 여김 받아야 할 필요와 믿음으로 의롭게 된다는 것이 무엇인지 배우게 될 것입니다. 하나님은 우리를 부르셔서 우리의 죄성을 일깨우시고,

> **핵심교리 99**
>
> **72. 이신칭의**
>
> '칭의'란 하나님이 그리스도의 율법 순종을 통한 공로와 죄인을 위한 대리속죄의 구속적인 죽음이 가져온 의에 기초하여 죄인을 의로운 자로 인정하시는 객관적인 선포를 말합니다(롬 8:33-34). 이러한 선포는 인간의 행위나 노력의 결과가 아니라 그리스도를 믿는 믿음을 통해 일어납니다(엡 2:8-9). 우리는 칭의를 통해 하나님 앞에 바로 서게 되며, 이전에 멀어지고 적대적이었던 관계에서 벗어나 하나님의 권속으로 들어가게 됩니다.

우리에게 하나님의 긍휼이 필요함을 알려 주시고, 자기 자신을 믿는 사람들을 향해 겸손히 은혜의 복음을 선포하라고 말씀하십니다.

1. 자신을 의롭게 여기면, 다른 사람을 멸시하게 됩니다(눅 18:9)

⁹또 자기를 의롭다고 믿고 다른 사람을 멸시하는 자들에게 이 비유로 말씀하시되

여기서 청중은 누구일까요? 예수님은 다음 두 가지를 행한 사람들을 겨냥해서 말씀하셨습니다. 그들은 첫째, 자기 스스로 의롭다고 믿었고, 둘째, 다른 사람들을 멸시했습니다. 두 행동의 연관성을 간과하지 마십시오. 두 행동은 서로 연결되어 있습니다. 영적 근시안은 영적 교만을 초래합니다. 스스로 의롭

다고 믿으면, 다른 사람들을 멸시하게 됩니다. 다른 사람들을 멸시하면, 자신이 다른 사람들보다 낫다고 생각하게 됩니다. 그렇게 악순환이 계속되는 것입니다.

이야기를 다루기에 앞서, 이 두 가지 요소가 서로를 얼마나 강화하는지를 아는 것이 중요합니다. 이것은 잘못된 믿음에서 비롯된 것입니다. 오늘날에는 자기 힘과 노력으로 하나님께 스스로 나아갈 수 있다는 생각이 숭고하게 여겨지거나 심지어 칭송받을 만한 일로 평가되기도 합니다. 그러나 이러한 생각은 자기 자신을 너무나 모르기 때문에 하는 것입니다. 하나님을 자기 힘으로 기쁘시게 할 수 있다는 생각, 즉 스스로 의로워질 수 있다는 생각은 하나님의 기준을 따라잡을 수 있는 것쯤으로 폄하하거나 하나님과의 단절을 초래한 모든 죄를 간과한 결과로 일어난 것입니다.

> "최악의 쾌락이란 모두 순전히 영적인 것들입니다. 다른 사람의 잘못을 지적하는 재미, 친구를 깔보거나 놀리는 재미, 남을 험담하는 재미, 권력이나 증오가 주는 즐거움 등이 있을 것입니다. … 교회에 꼬박꼬박 다니는 냉담하면서도 독선적인 자칭 도덕군자는 사실 창녀보다도 지옥에 훨씬 더 가까이 있을 것입니다."[1]
>
> _C. S. 루이스

 **스스로 의롭게 여길 때, 나타나는 특징은 무엇입니까?**

다음으로 자기 자신을 믿는 사람들은 다른 사람들을 멸시합니다. 당시 예수님의 말씀을 들었던 이들은 뒤틀린 시선으로 주변 사람을 보게끔 하는 잘못된 믿음을 가지고 있었습니다.

그들은 자기 죄를 알지 못하기에 스스로 의롭다고 생각하게 된 것입니다. 이런 일은 하나님의 기준을 사람이 다다를 수 있는 수준으로 끌어내린 결과로 벌어집니다. 일단 그렇게 생각하기 시작하면, 자신을 하나님께 비추어 보는 대신 주변 사람들을 보게 됩니다. 주변 사람들보다 더 잘하고 있다고 생각하는 한 우월감이 자라게 되어 있습니다.

스스로 의롭게 여기는 것이 점차 얼마나 견고해지는지 압니까? 첫째, 스스로 의롭다고 믿으면, 독선적으로 변해 다른 사람들을 멸시하게 됩니다. 둘째,

멸시하던 사람들에게서 죄를 발견하면, 자신을 더욱더 신뢰하게 됩니다. 왜냐하면 자신이 그들보다 더 의롭게 여겨지기 때문입니다. 그래서 다른 사람들을 더 멸시하게 됩니다. 자기 의로 눈이 멀 때까지 이런 일이 걷잡을 수 없이 반복됩니다.

기독교는 그러한 악순환의 고리를 깨뜨리고 깨부숩니다. 복음서에 따르면, 우리는 하나님만이 우리를 구원하신다는 것을 믿어야 하며, 예수 그리스도의 의를 신뢰해야 합니다. "이 몸의 소망 무엔가 우리 주 예수뿐일세"라는 옛 찬송가 가사도 있습니다. 복음은 자기 자신을 믿고 자신을 의롭게 여기려는 경향의 핵심을 찌릅니다. 또한 다른 사람들에 대해 느낄 수 있는 우월감을 깨뜨려 버립니다.

Q 어떤 사람이 다른 사람들을 낮추어 본다는 것을 알 수 있는 표시는 무엇입니까?

Q 당신은 언제 그런 덫에 빠지게 됩니까?

2. 자신을 의롭게 여기면, 감사의 말로 자기 의를 포장하기도 합니다(눅 18:10~12)

예수님의 비유는 성전에서 기도하는 두 사람을 보여 줍니다. 바리새인과 세리입니다. 바리새인의 기도부터 살펴보겠습니다.

10두 사람이 기도하러 성전에 올라가니 하나는 바리새인이요 하나는 세리라 11바리새인은 서서 따로 기도하여 이르되 하나님이여 나는 다른 사람들 곧 토색, 불의, 간음을 하는 자들과 같지 아니하고 이 세리와도 같지 아니함을 감사하나이다 12나는 이레에 두 번씩 금식하고 또 소득의 십일조를 드리나이다 하고

앞서 우리는 스스로 의롭게 여기는 마음이 자라면, 자기 자신을 신뢰하고, 다른 사람들을 멸시하게 된다는 것을 배웠습니다. 이번에는 자기 의가 어떻게 모습을 드러내는지를 살펴보겠습니다. 자기 의는 때때로 감사의 말 뒤에 숨기도 합니다.

바리새인은 하나님께 자신이 행한 선한 일들에 대한 감사를 드렸습니다. 이것은 좋은 일입니다. 그렇지 않습니까? 바리새인은 자기가 한 선한 일들을 다 자기 덕분이라고 하지 않았습니다. 그는 "하나님, 감사합니다!"라고 말했습니다.

그렇다면 무엇이 문제란 말입니까? 그가 기도하며 했던 말과 행동에서 그가 자신을 스스로 의롭게 여기고 있음을 분명히 알 수 있습니다. 그는 성전에 서 있었는데, 아마도 다른 사람들 앞에 보란 듯이 서 있었을 것입니다. 바리새인은 하나님께 감사를 표했지만, 하나님이 위대하시고 거룩하셔서가 아니라 그 자신이 다른 사람들과 다르다고 여겼기 때문입니다.

> "비록 그것이 하나님의 은혜에서 나온 것일지라도, 자기 의는 하나님의 거룩하신 임재 앞에서 자기정당화를 위한 근거가 될 수 없습니다."[2]
>
> _존 파이퍼

바리새인은 죄인들을 "토색하고 불의하고 간음한 자들"로 정의하고, 자신과 성전 공간에 같이 있는 세리에 대해 "이 세리와도 같지 않다"고 말합니다. 그는 자신에 관해서는 잘 모르고, 주변 사람들에 관해서만 확실히 아는 것 같습니다. 그는 기도하면서 하나님을 진심으로 바라지 않고, 주변 사람들을 내려다보고 있었던 것입니다. 그가 진실로 하나님의 엄위하심을 알았다면, 자신도 그 세리처럼 긍휼을 구해야 하는 비열한 죄인에 불과함을 알았을 것입니다.

Q 그때 누군가가 바리새인이 스스로 의롭게 여기고 있다고 지적했다면, 그는 어떤 반응을 보였을까요?

Q 우리는 어떤 식으로 자신도 모르게 스스로 의롭게 여길까요?

이 이야기는 자기정당화의 늪에 빠지기가 얼마나 쉬운지를 보여 줍니다. 하나님과 사람들 앞에 자기 선행을 모조리 진열하면서 그 선행이 자기 위상을 높여 줄 것이라고 생각합니다. 자기를 정당화하려는 마음을 알아차리지 못한 채 선행에 연연하면, 우리는 혐의를 벗고 자기 자신을 정당화하게 됩니다. "내게 선한 마음을 주신 하나님께 감사하는 거야! 나는 누가 봐도 독실한 사람이야! 주변에 나보다 더 잘하는 사람이 있니? 그래도 내가 지키는 종교의식이 중요하지 않다고 말할래?"

하지만 자기 의가 감사의 말로 포장되거나 하나님의 영광을 위한 열정으로 행한 것으로 외견상 드러날 때조차 자기 의는 여전히 자기 합리화일 뿐입니다. 잘못된 판단을 유발하는 것은 잘못된 믿음입니다. "다른 사람들에 대해서는 행동으로 엄밀하게 판단하지만, 자신에 대해서는 의도로 판단한다"는 말이 있습니다. 우리는 자신을 판단할 때보다 주변 사람들을 판단할 때 항상 더 모질게 합니다.

 자기 자신을 판단할 때보다 다른 사람을 판단할 때 더 모질어지기 쉬운 이유는 무엇일까요?

3. 자비를 구하는 겸손한 탄원은 하나님의 은혜를 받았다는 표시입니다(눅 18:13~14)

*13*세리는 멀리 서서 감히 눈을 들어 하늘을 쳐다보지도 못하고 다만 가슴을 치며 이르되 하나님이여 불쌍히 여기소서 나는 죄인이로소이다 하였느니라 *14* 내가 너희에게 이르노니 이에 저 바리새인이 아니고 이 사람이 의롭다 하심

을 받고 그의 집으로 내려갔느니라 무릇 자기를 높이는 자는 낮아지고 자기를 낮추는 자는 높아지리라 하시니라

바리새인과 세리의 차이점을 적어 보십시오.

바리새인	세리

세리가 자기 가슴을 치는 것은 그가 얼마나 깊이 후회하고 있는가를 보여 줍니다. 고대에는 여자들만이 장례 때 가슴을 치며 슬퍼했습니다. 남자가 그런 식으로 가슴을 치는 것은 부끄러운 일이었습니다. 그런데 세리는 자신이 얼마나 수치스럽게 보일지 별 인식이 없습니다. 그는 자신이 얼마나 의로워 보이는가에 대해서는 전혀 신경 쓰지 않았고, 오로지 자신이 얼마나 큰 죄인인가에 대해서만 걱정했습니다.

Q 바리새인과 세리의 각기 다른 기도는 그들의 태도에 관해 무엇을 말해 줍니까?

세리의 기도는 하나님의 심판을 면하게 해 달라는 기도였습니다. 그것은 속죄 기도로, 하나님의 화목 제물을 통해 하나님의 자비가 베풀어지기를 기도한 것입니다. 바리새인은 그가 하나님을 위해 해 왔던 모든 일에 관심을 집중했지만, 세리는 하나님이 그를 위해 자비를 베풀어 주시기를 바라는 것이야말로 유일한 소망임을 알았습니다.

예수님은 비유를 마무리하면서 그 의미를 설명해 주셨습니다. 세리는 의롭게 되어 집으로 돌아갔지만, 바리새인은 그렇지 않았습니다. 당시 청중은 이 이야기의 결말에 충격을 받았을 것입니다. "종교인인 바리새인이 구원을 받지 못하고, 저 혐오스럽고 경멸스러운 세리가 의롭게 여김을 받는다니!" 하고 말입니다.

당시 청중이 이 이야기의 결말에 흠칫 놀랐던 데는 사회적인 이유가 있습니다. 예수님 시대에 세리는 가장 미움받고 경멸받는 이들이었습니다. 그들은 로마 제국에 부역했고, 동족을 속여서 돈을 빼앗아 착복했으며, 이를 통해 부자가 되었습니다.

우리 시대에 가장 혐오스럽고 경멸스러운 범죄자들을 생각해 보십시오. 연쇄살인범이나 아동성폭력범 등이 있을 것입니다. 이 이야기가 기독교 사회복지사와 연쇄살인범이나 아동성폭력범에 관한 이야기라고 상상해 보십시오. 사회복지사가 아닌 회개한 연쇄살인범이나 아동성폭력범이 의롭다고 여김을 받고 떠난다면, 여러분은 정의감으로 분노가 끓어오를 것입니다. 의분을 느낄 것입니다. 그러면 이 이야기가 던진 충격이 얼마나 엄청났을지 이해할 수 있게 될 것입니다. 이렇게 예측할 수 있는 이유는 이 이야기가 오직 믿음으로 말미암는 의에 관한 충격적인 진리를 담고 있기 때문입니다. 즉 구원은 우리의 선행이 아닌 하나님의 은혜로 말미암은 것입니다(엡 2:8~9). 이 이야기가 충격적으로 다가오지 않는다면, 이 교리가 얼마나 혁명적인지에 관한 감을 잃은 탓입니다.

"하나님, 나를 불쌍히 여기소서. 나는 죄인입니다. 주님, 내게서 진노를 거두어 주십시오. 내 소망은 오직 주님께 있습니다."

바리새인은 하나님의 은혜의 선물에 이의를 제기한 것입니다. 우리는 회개하는 심령은 사랑의 선물을 누리며 그 사랑으로 변화됨을 기억해야 합니다.

Q 은혜가 필요함을 아는 사람들에게는 어떤 표시가 나타납니까?

Q 그것은 자신을 믿는 사람들에게서 나는 표시와 어떻게 다릅니까?

결론

'바리새인과 세리 비유'는 '교만'과 '겸손', '행위로 말미암는 의'와 '믿음으로 말미암는 의'를 생생하고 선명하게 대조합니다. 대럴 L. 보크는 이렇게 말합니다.

"교만은 장점을 부각하고, 겸손은 긍휼에 호소합니다. 교만은 동등한 입장에서 협상하려고 하지만, 겸손은 도움이 필요한 상태에서 다가갑니다. 교만은 다른 사람을 깎아내림으로써 자신을 구별하지만, 겸손은 누구나 도움이 필요하다는 것을 알기에 다른 사람과 자신을 동일시합니다. 교만은 사람들에게서 스스로 멀어짐으로써 파괴되지만, 겸손은 함께 몸부림치면서 공감하는 힘으로 사람들의 마음 문을 엽니다. 교만은 하나님의 은혜를 외면하지만, 겸손은 하나님을 반기며 하나님께 두 손을 듭니다."[3]

자기 의에서는 악취가 나지만, 회개와 겸손에서는 향기가 납니다. 모쪼록 바리새인에게 분개하고, 세리를 기꺼이 맞아들이는 우리가 되기를 바랍니다.

그리스도와의 연결

세리의 눈물은 죄인에게서 하나님의 진노를 거두어 달라는 간청이었습니다. 예수님이 우리를 대신해 죽으심으로써 우리가 받아야 할 하나님의 진노를 거두어 가셨습니다. 그리스도께서 우리를 대신해 하나님의 진노를 거두어가셨으므로 우리도 세리처럼 하나님께 진노를 거두시고 긍휼을 베풀어 달라고 간구할 수 있으며, 또한 믿을 수 있습니다.

하나님의 계획
우리의 사명

하나님은 우리에게 다른 사람들을 낮추어 보지 말고, 구원하시는 하나님을 바라보라고 말씀하십니다. 그래야 자기를 의롭게 여기는 자들이 겸손과 은혜를 배우게 될 것입니다.

1. 어떻게 하면 그리스도인들이 하나님 앞에서 자기 의를 드러내는 대신 오직 예수님만을 신뢰하도록 서로 도울 수 있을까요?

2. 어떻게 해야 자기 의가 풍기는 악취를 자각할 수 있을까요?

3. 어떻게 하면 가족이나 동료나 다른 사람들에게 자기 자신이 아닌 그리스도를 바라보도록 초청하며 그리스도의 겸손을 보여 줄 수 있을까요?

바리새인과 세리 비유

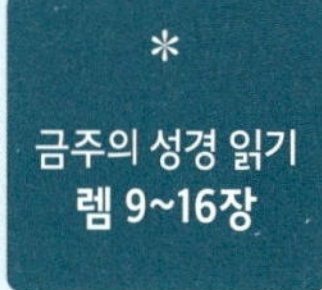

악한 농부 비유

신학적 주제) 하나님의 계명과 경고와 하나님의 아들을 거부하는 자들에게는 심판이 임합니다.

Session 6

성경에 관해 얄팍한 지식을 가진 사람들은 신약성경의 예수님과 구약성경의 하나님이 확연히 다르다고 생각하곤 합니다. 예수님은 착하고 온순하고 은혜로우신 분이지만, 구약의 하나님은 대적들을 심판하고 심지어 하나님의 백성까지도 죄를 지으면 벌하시는 분으로 예수님과는 다르다고 주장합니다. 그리고 "비판을 받지 아니하려거든 비판하지 말라"(마 7:1)는 예수님의 명령을 다른 모든 가르침보다 우월하게 생각합니다.

그러나 복음서를 조금만 살펴봐도 예수님이 조용하고 온건하게 평범한 지혜를 실천하신 것만은 아니었음을 금세 알 수 있습니다. 예수님은 성전에서 상을 뒤엎고, 위선적인 종교 지도자들을 맹비난하고, 세상 나라들에 도전하다가 마침내 위험인물로

> "'심판'이란 주제가 내게 유쾌하지 않듯이 당신에게도 그럴 것입니다. 그러나 내게는 당신이 죄에 머물러 있으면 무서운 결과를 맞게 되리라는 것을 알릴 의무가 있습니다. 노련한 의사가 부상자를 찾아내 고쳐 주듯이 나도 그런 역할을 수행할 뿐입니다."[1]
>
> _조지 화이트필드

Date . .

지목되어 처형당하신 분입니다. 예수님을 선하고 좋은 선생님으로만 보는 것은 예수님을 폄하해 1차원적인 인물로 만드는 것입니다.

 **왜 많은 사람이 예수님을 '선하고 좋은 선생님'으로만 이해하고, 심판에 관한 예수님의 가르침은 간과할까요?**

이 세션에서는 심판에 관한 예수님의 비유 가운데 가장 유명한 것 중 하나인 '악한 농부 비유'를 살펴볼 것입니다. 이 비유를 통해 우리는 하나님의 부르심을 받은 자로서 특권과 책임을 다해야 함을 깨닫게 됩니다. 그리고 은혜로운 하나님은 죄인들에게 경고도 하시고, 하나님의 아들을 배척하는 사람들을 응징하기 위해 심판도 하신다는 것을 알게 됩니다. 이 비유의 삭막한 이미지는 우리가 하나님의 백성으로서 회개와 선교의 열매를 맺음으로써 사명을 다하도록 부르심을 받았다는 사실을 상기시켜 줍니다.

1. 악한 농부들은 청지기로서의 책임을 다하지 않았습니다

(마 21:33~35)

33다른 한 비유를 들으라 한 집주인이 포도원을 만들어 산울타리로 두르고 거기에 즙 짜는 틀을 만들고 망대를 짓고 농부들에게 세로 주고 타국에 갔더니 34열매 거둘 때가 가까우매 그 열매를 받으려고 자기 종들을 농부들에게 보내니 35농부들이 종들을 잡아 하나는 심히 때리고 하나는 죽이고 하나는 돌로 쳤거늘

코끼리와 당나귀가 싸우는 그림을 미국 신문 만평에서 봤다면, 누구라도 그것이 단순한 동물 이야기가 아니라는 것을 눈치챌 것입니다. 미국에서는 서로 치고받는 코끼리와 당나귀가 공화당과 민주당을 상징하기 때문입니다. 그러니 그 만평은 곧 미국 정치에 관한 이야기임을 알 것입니다.

이처럼 이 이야기의 시작도 무언가를 연상하게 하는데, 우리가 그것을 모르는 이유는 그 맥락을 잘 모르기 때문입니다. 우리와 달리 당시 청중은 이 이야기를 듣자마자 이사야서 5장의 포도원의 노래를 떠올렸을 것입니다.

"나는 내가 사랑하는 자를 위하여 노래하되 내가 사랑하는 자의 포도원을 노래하리라 내가 사랑하는 자에게 포도원이 있음이여 심히 기름진 산에로다 땅을 파서 돌을 제하고 극상품 포도나무를 심었도다 그중에 망대를 세웠고 또 그 안에 술틀을 팠도다 좋은 포도 맺기를 바랐더니 들포도를 맺었도다 예루살렘 주민과 유다 사람들아 구하노니 이제 나와 내 포도원 사이에서 사리를 판단하라 내가 내 포도원을 위하여 행한 것 외에 무엇을 더할 것이 있으랴 내가 좋은 포도 맺기를 기다렸거늘 들포도를 맺음은 어찌 됨인고 이제 내가 내 포도원에 어떻게 행할지를 너희에게 이르리라 내가 그 울타리를 걷어 먹힘을 당하게 하며 그 담을 헐어 짓밟히게 할 것이요 내가 그것을 황폐하게 하리니 다시는 가지를 자름이나 북을 돋우지 못하여 찔레와 가시가 날 것이며 내가 또 구름에게 명하여 그 위에 비를 내리지 못하게 하리라 하셨으니 무릇 만군의 여호와의 포도원은 이스라엘 족속이요 그가 기뻐하시는 나무는 유다 사람이라 그들에게 정의를 바라셨더니 도리어 포학이요 그들에게 공의를 바라셨더니 도리어 부르짖음이었도다"(사 5:1~7).

Q 이사야서 5장을 배경으로 한 예수님의 비유에서 포도원은 무엇을 의미하며, 포도원의 주인은 누구입니까?

Q 신약을 읽다가 관련된 구약 본문이 떠올라 비교해 보고 큰 깨달음을 얻은 적이 있습니까?

이 비유는 하나님과 그분의 백성에 관한 것입니다. 예수님은 이사야서 5장의 포도원 이야기를 가져와 하나님(주인)이 이스라엘(포도원)을 잘 보살피라고 종교 지도자들(농부들)을 부르셨지만, 그들이 실패했음을 분명히 하셨습니다. 이스라엘 백성은 하나님께 선택되는 엄청난 특권을 받았습니다. 그러나 그들은 그 축복에 합당한 책임을 다하며 살아내는 데 실패했습니다. 하나님은 자기 백성에게서, 특별히 종교 지도자들에게서 열매를 찾으셨으나 얻지 못하셨습니다.

포도원 농부들은 열매가 없는 것을 사과하기는커녕 주인을 끔찍하게 대했습니다. 그들은 주인이 종들을 보내자 간섭한다고 분개했습니다. 농부들의 문제는 아무 열매도 맺지 못한 데 있는 것이 아니라, 나쁜 열매를 맺었다는 데 있습니다. 실패를 회개하고 그에 합당한 선한 열매를 맺어야 하건만, 농부들은 반역이라는 나쁜 열매를 맺고 말았습니다.

이 비유는 예수님 시대의 종교 지도자들에게 어떤 도전을 주었고, 하나님의 백성이 된 우리에게는 어떤 도전을 줄까요? 사도 바울은 예수님을 믿는 신자들은 이스라엘에 접붙임을 받은 것이라고 주장했습니다. 그렇게 하나님의 백성이 된 우리는 하나님의 포도원에서 하나님의 백성에게 주어진 특권을 누리는 동시에 삶에서 하나님의 부르심에 따르는 막중한 책임을 다해야 합니다. 하나님의 청지기임을 알 때, 비로소 부르심을 받은 것이 무엇을 뜻하는지를 알게 될 것입니다.

Q 하나님의 백성이라는 특권에는 어떤 책임이 따릅니까?

> *"이 비유의 목적은 사람을 향한 하나님의 '이해할 수 없는' 관심, 그분이 얼마나 사람을 추적하시는지, 사람의 완악함과 맹목적인 망상에도 불구하고 관계를 유지해 주심에 관해 묘사하는 것입니다."*[2]
> _헬무트 틸리케

Q 그리스도인은 어떤 열매를 맺어야 합니까?

2. 악한 농부들은 하나님의 경고와 하나님의 아들을 거부했습니다(마 21:36~41)

³⁶다시 다른 종들을 처음보다 많이 보내니 그들에게도 그렇게 하였는지라 ³⁷후에 자기 아들을 보내며 이르되 그들이 내 아들은 존대하리라 하였더니 ³⁸농부들이 그 아들을 보고 서로 말하되 이는 상속자니 자 죽이고 그의 유산을 차지하자 하고 ³⁹이에 잡아 포도원 밖에 내쫓아 죽였느니라 ⁴⁰그러면 포도원 주인이 올 때에 그 농부들을 어떻게 하겠느냐 ⁴¹그들이 말하되 그 악한 자들을 진멸하고 포도원은 제때에 열매를 바칠 만한 다른 농부들에게 세로 줄지니이다

이 이야기의 핵심은 하나님의 심판에 있지만, 포도원 주인이 놀라운 인내심을 발휘하고 있다는 사실을 간과해서는 안 됩니다. 주인은 농부들에게 자기 종들을 계속해서 보내지만, 농부들은 그들을 홀대합니다.

악한 농부들이 포도원 주인의 사자인 종들을 홀대한 것처럼, 이스라엘의 종교 지도자들과 정치 지도자들도 하나님의 사자인 선지자들을 홀대했습니다. 하나님의 선지자들 중 한 명이라도 홀대당한다면, 하나님이 곧바로 벌을 내리실 것 같지 않습니까? 그런데 하나님은 백성들의 죄가 가져올 결과에 관해서만 거듭 경고하실 뿐이었습니다. 하나님은 선지자들이 심하게 홀대당해도 그들을 보내고, 보내고, 또 보내셨습니다.

이것은 전혀 논리적이지 않습니다. 종들을 계속 보내도 홀대만 당하고, 얻어맞고, 살해당하는데, 대체 포도원 주인은 얼마나 더 많은 종을 보내야 농부들을 징벌할 필요를 느낄까요? 하나님은 자기 백성에게 경고하기 위해 얼마나 더 많은 선지자를 보내시고 나서야 결정적인 행동을 취하실까요? 여기서 중요한 것은 이유나 논리가 아닌 하나님의 은혜와 인내입니다. 하나님을 움직이는 것은 논리가 아닌 사랑이기 때문입니다.

 심판에 관한 경고에 대해 어떻게 생각합니까? 하나님의 경고가 우리에게 은혜의 표시가 된다면 그 이유는 무엇일까요?

심지어 포도원 주인은 자기 아들까지 보냅니다. 예수님의 이야기를 배우고 있는 우리에게 이 비유는 불을 보듯 훤합니다. 하나님의 백성이 하나님이 보내신 사랑의 경고를 거부했듯이, 그들도 주인이 사랑으로 보낸 아들을 거부했습니다. 악한 농부들은 주인의 아들을 보고 그의 유산을 탐냈습니다. 농부들은 그를 정중하게 맞이하는 대신 포도원 밖으로 내쫓아 죽였습니다. 예수님이 이 비유를 말씀하셨을 때 종교 지도자들

성경은 죽음의 순간에 그리스도 안에 있지 않은 사람들 위에 하나님의 진노가 있으며(요 3:36), 그들은 이 땅에서 행한 대로 심판을 받게 될 것이라고 말합니다(히 9:27). 불신자들을 기다리는 지옥의 형벌은 결코 끝나지 않을 영원한 고통이며, 무한하신 하나님을 대적해 저지른 죄의 결과입니다(마 25:41, 46). 지옥에서 죄인들은 하나님과 영원히 분리됩니다.

은 예수님을 예루살렘 밖으로 내쫓아 마을 어귀에서 십자가에 매달 공모를 했을 것입니다. 이 비유는 하나님의 아들을 거부하는 것이 얼마나 심각한 일인지를 보여 줍니다.

이 이야기에서 우리는 어느 편에 가깝습니까? 한편으로 이 비유는 하나님의 아들을 거부한 모든 사람에게 던지는 경고이기도 합니다. 예수님을 거절하는 순간, 하나님의 심판을 부르는 것입니다. 다른 한편으로 이 비유는 스스로 하나님의 백성이라고 생각하면서도 하나님의 경고들을 계속해서 무시하는 사람들에게 던지는 경고이기도 합니다. 진정으로 하나님께 속한 사람은 하나님께 순종하고, 하나님의 경고에 귀를 기울이고, 하나님의 아들을 영접함으로써 자신을 나타냅니다. 하나님의 경고에 주의하지 않으면, 선지자들과 맞서고 예수님과도 맞서게 됩니다.

포도원 주인이 악한 농부들을 심판하지 않기로 했다면, 그를 어떤 말로 묘사하겠습니까?

농부들이 벌을 받는 것이 합당하다고 생각되는 이유는 무엇입니까?	이 이야기는 하나님의 심판을 보는 시각에 어떤 영향을 끼칩니까?

3. 악한 농부들은 자신의 악한 계획 때문에 하나님께 거절당합니다(마 21:42~46)

42예수께서 이르시되 너희가 성경에 건축자들이 버린 돌이 모퉁이의 머릿돌이 되었나니 이것은 주로 말미암아 된 것이요 우리 눈에 기이하도다 함을 읽어 본 일이 없느냐 43그러므로 내가 너희에게 이르노니 하나님의 나라를 너희는 빼앗기고 그 나라의 열매 맺는 백성이 받으리라 44이 돌 위에 떨어지는 자는 깨지겠고 이 돌이 사람 위에 떨어지면 그를 가루로 만들어 흩으리라 하시니 45대제사장들과 바리새인들이 예수의 비유를 듣고 자기들을 가리켜 말씀하심인 줄 알고 46잡고자 하나 무리를 무서워하니 이는 그들이 예수를 선지자로 앎이었더라

예수님의 이 비유는 두 가지 면에서 잘못 해석되기 쉽습니다.

첫째, 포도원 주인이 자기 아들을 악한 농부들에게 보냈을 때 어떤 일이 일어날지 알지 못한 것처럼 보이는데, 이로 인해 하나님이 나중에 선지자들과 아들이 당한 일을 보시고 그제야 놀라셨을 것으로 생각하기 쉽습니다. 그러나 하나님은 자기 아들이 죽게 될 것을 알고 계셨기에 아들을 "세상 죄를 지고 가는 하나님의 어린양"(요 1:29)으로 보내신 것입니다.

둘째, 포도원을 빼앗아 다른 사람들에게 넘긴다는 예수님의 말씀을 마치 하나님이 이스라엘을 완전히 버리신다는 뜻으로 생각하기 쉽습니다. 그러나 맥락이 뜻하는 내용은 하나님이 이스라엘을 버리셨다는 것이 아니라, 이스라엘을 하나님의 아들 메시아를 통해 다시 세우시겠다는 것입니다. 예수님은 하나님의 새 백성을 위한 모퉁잇돌이십니다.

이 비유를 오늘날 우리에게 적용한다면, 예수님과 선지자들을 거부한 일이 얼마나 종교적인 일이었던가에 주목해야 합니다. 때때로 우리는 사람들을 종교인과 비종교인으로 나누고, 전자를 좋게 후자를 나쁘게 생각하는 경향이 있습니다. 그러나 이 이야기에서 하나님으로부터 가장 큰 저주를 받은 사람들은 종교 지도자들과 열매 맺지 못한 사람들이었습니다. 그들은 종교적이었으나 열매를 맺지 못했습니다.

Q 열매 맺지 못하는 것을 감추기 위해 우리는 어떤 식으로 종교적 헌신을 하곤 합니까?

Q 이 이야기가 던지는 경고는 오늘날 우리에게 어떻게 적용됩니까?

만일 자기 마음과 삶을 제대로 살피지 못한다면, 이 비유를 제대로 적용할 수 없을 것입니다. 자신의 종교적 헌신이나 신실함을 의지하면, 하나님의 진노를 피할 수 없습니다. 우리는 우리를 하나님의 백성으로 삼으시는 믿음의 모퉁잇돌 되시는 예수님을 의지해야 합니다. 예수님 시대나 지금이나 하나님의 백성에 속하게 되면, 특권과 함께 책임도 다해야 합니다.

이 이야기에 우리 자신을 대입해 보면, 우리는 악한 농부에 가까울지도 모릅니다. 우리는 하나님을 거부하고 하나님의 경고들을 무시한 사람들입니다. 우리는 하나님의 독생자를 공격한 사람들입니다. 이제 이런 질문이 남습니다. "하나님이 맹렬히 심판하실 때, 우리는 어디쯤에서 발견될 것인가?" 심판에서 구원받을 수 있는 유일한 방법은 성자 하나님을 영접하고, 겸손히 그분을 믿는 것입니다. 그러면 예수님은 심판 때 우리를 깨부수는 모퉁잇돌이 아닌, 예수님 안에서 새 삶을 찾은 우리의 모퉁잇돌이 되어 주실 것입니다. 악한 농부들 이야기는 심판에 관한 비유지만, 이 비유의 목적은 우리로 하여금 회개하고 하나님의 아들을 믿게 하려는 데 있습니다.

> "예수님의 가르침에서 심판은 두드러지는 주제로서 주목할 만한 특징으로 시작합니다. 예수님은 심판주가 되실 것입니다."[3]
>
> _스캇 맥나이트

 하나님의 사랑을 전하고 보여 주어야 할 사명에서 '열매 맺기'는 어떤 역할을 할까요?

결론

은혜에 관해서만 말씀하시고, 심판에 관해서는 말 한마디 안 하시는 온화한 예수님의 초상은 상상 속 허구일 뿐입니다. 우리가 섬기는 구세주는 추문이 날 정도로 은혜를 베풀기도 하셨지만, 맹렬한 소리로 심판을 선포하기도 하셨습니다. 이 이야기에서 우리는 하나님이 인내하실 뿐 아니라, 신속하게 벌하시는 모습을 보게 됩니다. 예수님이 들려주신 이야기에 경각심을 느끼고 하나님의 축복을 얻는 청지기로 살아가기를 바랍니다.

그리스도와의 연결

예수님의 '악한 농부 비유'는 당시 종교 지도자들을 가장 신랄하게 비판했던 비유 중 하나입니다. 이 이야기에서 하나님은 포도원의 주인이시고, 예수님은 주인의 아들이시며, 종교 지도자들은 하나님의 말씀을 거부한 사람들입니다. 예수님은 시편 118편을 자신에게 적용해 자기 역할을 하나님의 심판과 구원을 가져오는 모퉁잇돌로 이해하셨습니다.

하나님의 계획
우리의 사명

하나님은 우리에게 하나님의 백성으로서 사명을 다해 회개와 선교의 열매를 맺으라고 말씀하십니다.

1. 그리스도인이 하나님의 은사와 자원의 청지기로서 세상에서 하나님을 영화롭게 하기 위해 실천해야 할 것들은 무엇입니까?

____

____

____

2. 용서를 구하고 회개를 드려야 할 하나님의 아들을 우리는 어떤 식으로 높여 드리지 못합니까?

____

____

____

3. 다른 사람들을 예수님께 인도할 때, 우리는 예수님에 관해 어떻게 이야기해야 할까요?

____

____

____

우리의 농부 비유

*
금주의 성경 읽기
렘 17~24장

기적을 베푸신 예수님

Unit 2

암송 구절

예수께서 이르시되 나는 부활이요 생명이니 나를 믿는 자는 죽어도 살겠
고 무릇 살아서 나를 믿는 자는 영원히 죽지 아니하리니 이것을 네가 믿느
냐 이르되 주여 그러하외다 주는 그리스도시요 세상에 오시는 하나님의
아들이신 줄 내가 믿나이다
요한복음 11장 25~27절

물로 포도주를 만드시다

예수님의 기적은 하나님 아버지를 영화롭게 하려는 목적으로 베풀어집니다.

무엇이 만들어진 목적을 아는 것은 유익합니다. 아마 어떤 물건을 본래 용도가 아닌 다른 용도로 사용한 적이 있을 것입니다. 사무용 집게로 흘러내리는 머리를 고정하거나, 물컵에 과자를 담아 먹기도 하고, 수건을 스트레칭 도구로 사용하곤 합니다. 이처럼 물건은 본래 용도에서 벗어나 임시방편으로 사용될 수 있으나, 그렇다고 해서 그 물건의 본래 목적이 바뀌는 것은 아닙니다.

> "주님이 믿기지 않는 일을 하시는 것을 보고, 우리 삶에서 주님이 무엇을 행하실지를 생각하게 되면서 믿음이 자라납니다. 물로 포도주를 만드신 기적에는 '가능한' 모든 영역에 도전하는 변화가 있었습니다. 예수님을 통해 놀라운 일을 행하신 하나님 아버지께서는 우리 삶에도 그와 같은 일을 하실 수 있습니다."[1]
>
> _그렉 매트

 어떤 물건을 본래 용도와 다른 용도로 사용한 적이 있습니까? 결과가 어떠했습니까?

Date . .

 **Q** 인간의 존재 목적은 무엇입니까? 그리스도를 믿는 신자들의 존재 목적은 무엇입니까?

우리는 너무나 자주 본래 목적을 혼동합니다. 그러나 예수님은 그러지 않으셨습니다. 예수님은 자신의 존재 목적이 하나님 아버지를 영화롭게 하기 위한 것임을 아셨습니다. 예수님이 기적을 행하신 목적도 하나님 아버지를 영광스럽게 하기 위함이었습니다.

요한은 예수님이 물로 포도주를 만드신 이야기를 오락거리로 쓰지 않았습니다. 요한은 성령의 영감을 받아 하나님 아버지를 계시하시는 예수님의 기적의 진리를 기록한 것입니다. 이 기적의 이야기에서 우리는 우리의 필요를 아시는 예수님과 예수님의 정체를 엿볼 수 있으며, 오로지 하나님을 드러내기 위해 행동하시는 능력의 예수님을 발견할 수 있습니다.

1. 예수님의 기적은 인간의 필요에 대한 응답입니다(요 2:1~5)

¹사흘째 되던 날 갈릴리 가나에 혼례가 있어 예수의 어머니도 거기 계시고 ²예수와 그 제자들도 혼례에 청함을 받았더니 ³포도주가 떨어진지라 예수의 어머니가 예수에게 이르되 저들에게 포도주가 없다 하니 ⁴예수께서 이르시되 여자여 나와 무슨 상관이 있나이까 내 때가 아직 이르지 아니하였나이다 ⁵그의 어머니가 하인들에게 이르되 너희에게 무슨 말씀을 하시든지 그대로 하라 하니라

예수님의 어머니 마리아는 이 혼인집에서 단순한 하객이 아니었음이 분명합니다. 마리아는 적어도 그 가족이 신뢰하는 사람이었거나, 가까운 친구로 혼인 잔치를 준비하고 거드는 일을 했을 것입니다. 결혼식 날 아침에 와서 "뭘

도와주면 좋을까?" 하고 묻는 사촌이나 이모 정도 되었을 것입니다. 하객이라면 포도주가 떨어졌다는 사실을 알 수 없었을 텐데, 마리아가 알았던 것으로 보아 혼인하는 가정과 친밀한 사이였을 것입니다.

포도주가 부족해지자, 마리아가 예수님께 "저들에게 포도주가 없다"(3절) 하고 담담히 말했습니다. "여자여, 나와 무슨 상관이 있나이까? 내 때가 아직 이르지 아니하였나이다"(4절)라는 예수님의 대답은 21세기를 사는 우리에게는 귀에 거슬리게 들릴 수도 있지만, 1세기 유대인들에게는 무시하는 말로 들리지 않았습니다. 예수님의 말씀은 무례한 것이 아니라 솔직한 것이었습니다. 이 말씀은 '아직은 하나님 아들이라는 정체를 드러낼 때가 아니다'라는 뜻이었습니다.

예수님이 여자에게서 태어나셨을 뿐만 아니라 하나님의 아들이심을 확실히 아는 사람이 있다면, 예수님의 어머니인 마리아일 것입니다. 예수님의 권능과 사명을 아는 사람이 있다면, 그것도 마리아일 것입니다. 혼인 잔치에서 포도주가 부족해졌을 때 도움을 줄 수 있는 유일한 분이 누구인지 아는 사람이 있다면, 그 역시 마리아일 것입니다. 마리아는 예수님이야말로 부족함을 즉시 채워 주실 수 있는 오직 한 분임을 알았습니다.

 하나님을 향한 확신은 기도 생활에 어떻게 드러납니까?

마리아는 예수님께 무엇이 부족한지 말하고 처분을 맡겼습니다. 마리아는 아들에게 포도주를 좀 더 사 오라고 돈을 주지 않았고, 해법을 제시하지도 않았습니다. 그저 마음속의 염려를 말하고, 주변에 있던 하인들에게 예수님이 무엇을 말씀하시든지 그대로 하라고 지시했을 뿐입니다.

포도주가 부족하다는 사실이 예수님의 정체나 능력이나 사명에 영향을 끼칠 일은 없었으나, 마리아와 하객들의 필요가 예수님의 마음을 움직였습니다. 예수님이 사랑하시는 이가 예수님께 필요한 것을 청했기 때문입니다.

마리아처럼 우리도 스스로 해결할 수 없는 문제들로 어려움에 처할 때가 있습니다. 그럴 때 마리아가 그랬던 것처럼 예수님께 나아가 자신의 필요를 말씀드립니까? 아니면 문제를 어떻게 풀어야 할지 예수님께 말씀드리고 나서 그대로 해 주지 않으신다고 섭섭해합니까? 담대하게 하나님 앞에 나아가 필요를 말씀드리십시오. 히브리서 기자는 이렇게 우리를 격려합니다.

> "예수님께는 불완전하거나 시기가 부적절한 일이 없습니다. 하나님 아버지께서 그러하시듯 이 예수님도 마구잡이로 하시는 일이 없기 때문입니다."[2]
> _이레나이우스

"그러므로 우리는 긍휼하심을 받고 때를 따라 돕는 은혜를 얻기 위하여 은혜의 보좌 앞에 담대히 나아갈 것이니라"(히 4:16).

확신을 가지고 하나님의 보좌로 나아가는 것은 우리가 그럴 만한 사람이거나 착한 행실 때문이 아니라, 하나님이 자비로우시며 은혜로우시며 돕기에 능한 분이시기 때문입니다.

 하나님께 인간적인 필요를 구하기가 어렵습니까? 그 이유는 무엇입니까?

2. 예수님의 기적은 예수님이 누구이신지를 드러냅니다

(요 2:6~10)

이후에 사역 현장에서 예수님은 이런 말씀을 하셨습니다.

"이와 같이 좋은 나무마다 아름다운 열매를 맺고 못된 나무가 나쁜 열매를 맺나니 좋은 나무가 나쁜 열매를 맺을 수 없고 못된 나무가 아름다운 열매를 맺을 수 없느니라"(마 7:17~18).

본질적으로 이 말씀은 우리가 맺는 열매로 우리 자신이 누구인가를 알 수 있다는 뜻입니다.

예수님은 유대 지도자들이 아주 오랫동안 하나님의 백성에게 영향을 미쳐 온 신화를 척결하러 오셨습니다. 예수님은 겉으로 드러나는 의가 하나님의 의와는 아무 상관없다는 진리를 가르쳐 주셨습니다. 당시 유대 지도자들은 의로운 행위로 말미암아 자신들이 하나님께 가까이 나아가고 거룩하게 되었다고 설파했습니다. 어떤 이의 인생을 힐끗 보는 것만으로는 그 열매를 정확히 알 수 없지만, 시간이 지나면 그 실체가 드러나기 마련입니다. 예수님은 지극히 높으신 분의 아들로서 진실로 의로운 분이셨습니다. 예수님은 기적들을 통해 자신의 고귀한 정체를 드러내셨는데, 그 기적들은 유대 지도자들이 낳은 나쁜 열매와는 극명하게 달랐습니다.

> [6] 거기에 유대인의 정결 예식을 따라 두세 통 드는 돌항아리 여섯이 놓였는지라 [7] 예수께서 그들에게 이르시되 항아리에 물을 채우라 하신즉 아귀까지 채우니 [8] 이제는 떠서 연회장에게 갖다 주라 하시매 갖다 주었더니 [9] 연회장은 물로 된 포도주를 맛보고도 어디서 났는지 알지 못하되 물 떠온 하인들은 알더라 연회장이 신랑을 불러 [10] 말하되 사람마다 먼저 좋은 포도주를 내고 취한 후에 낮은 것을 내거늘 그대는 지금까지 좋은 포도주를 두었도다 하니라

예수님은 주문을 외우지도, 항아리들을 만지지도 않으셨습니다. 그냥 항아리들을 물로 채우라고 하신 다음, 채운 물을 떠서 연회장에게 가져다주라고 지시하셨습니다. 물을 채우고 맛보는 사이에 물이 포도주로 변한 것입니다. 직업상 좋은 포도주와 나쁜 포도주를 분별할 수 있었을 연회장은 그것이 그냥 포도주가 아니라 "좋은 포도주"였다고 말했습니다.

> "예수 그리스도께서는 '나는 잔치의 주인이다. 종국에 나는 기쁨을 가져다주느니라. 이런 이유에서 내 행위의 흔적, 나의 첫 기적은 모든 사람의 웃음을 위해 준비된 것이니라'라고 말씀하셨습니다."[3]
>
> _팀 켈러

그러나 본문의 초점은 예수님이 좋은 포도주를 만드신 데 있지 않습니다. 우리는 모든 것이 예수님으로 말미암아, 예수님을 통해, 예수님을 향해 창조되었으며(골 1:16), 모든 피조물이 아버지가 보시기에 "좋다"는 것을 압니다(창 1장). 예수님이 포도주를 만드신 기적보다 첫 기적을 누가 알아보았는지에 주목

하십시오. 예수님의 첫 기적을 알아본 사람은 신랑도, 연회장도 아니었습니다(그들은 사건의 전모를 의아해하고 있을 뿐입니다). 그들은 바로 하인들이었습니다.

주님이 하나님의 아들로서 자기 정체를 처음으로 계시하신 대상이 하인들이었다는 것은 참으로 적절했습니다. 이런 사상은 예수님의 말씀에도 묻어납니다.

"인자가 온 것은 섬김을 받으려 함이 아니라 도리어 섬기려 하고 자기 목숨을 많은 사람의 대속물로 주려 함이니라"(막 10:45).

> **핵심교리 99**
>
> **30. 기적**
>
> '기적'이란 하나님이 영광을 드러내시거나 말씀을 확증해 주시기 위해 만물의 자연 질서에 예외를 허락하시거나 자연법칙과 어긋나는 현상을 일으키시는 사건을 말합니다. 성경 전반에 걸쳐 기적들이 기록되어 있습니다. 선지자나 사도가 하나님의 말씀을 백성에게 전할 때, 종종 이적과 기사가 나타났습니다. 하나님은 전능하시며 세상일에 친히 관여하신다고 믿기에, 우리는 하나님이 기적을 행하실 수 있을 뿐만 아니라 또한 행하신다고 믿습니다.

바울은 빌립보서에서 이렇게 강조했습니다.

"오히려 자기를 비워 종의 형체를 가지사 사람들과 같이 되셨고 사람의 모양으로 나타나사 자기를 낮추시고 죽기까지 복종하셨으니 곧 십자가에 죽으심이라"(빌 2:7~8).

예수님은 예나 지금이나 하늘에서는 높임을 받는 하나님이시며, 영광의 대상이요, 하나님의 사랑하시는 아들이십니다. 그러나 땅에서는 고난받는 종이요(사 53장), 겸손하고 온유한 분이셨습니다.

예수님은 자기 정체를 알아봐야 하는 자를 스스로 결정하셨습니다. 실제로도 그분은 이렇게 말씀하셨습니다.

"내 아버지께서 모든 것을 내게 주셨으니 아버지 외에는 아들이 누구인지 아는 자가 없고 아들과 또 아들의 소원대로 계시를 받는 자 외에는 아버지가 누구인지 아는 자가 없나이다"(눅 10:22).

지상 사역 중에 첫 기적을 행하셨을 때 오로지 하인들과 제자들만이 그 기적을 알았는데, 이제는 우리도 그 기적을 압니다.

Q 예수님의 겸손한 모습에서 위로를 받습니까? 아니면 염려가 됩니까? 그 이유는 무엇입니까?

Q 예수님의 종 되심과 거룩하심을 어떻게 균형 있게 이해할 수 있을까요?

3. 예수님의 기적들은 영광을 드러내고 믿음을 굳게 합니다

(요 2:11~12)

그 기적은 물로 포도주를 만든 것 이상의 의미가 있었습니다. 마술사와 마법사들을 본 적이 있을 것입니다. TV나 어느 행사장에서 봤을 것입니다. 여성이 들어간 상자가 톱질되어 반으로 나뉘거나 잘린 밧줄이 기적적으로 다시 이어진 것을 봤을 것입니다. 그 속임수의 전 과정을 일일이 눈으로 확인하지 않더라도 우리는 그들이 교묘하게 속임수를 쓴다는 사실을 압니다.

그러나 예수님은 그렇지 않으셨습니다. 거기에는 교묘한 손놀림도, 특별한 조명 효과도 없었습니다. 포도주 맛이 나는 어떤 것을 실수로 항아리에 쏟은 것도 아니었습니다.

혼인 잔칫집의 포도주가 떨어지자, 예수님이 물을 항아리에 부으라고 명령하셨습니다. 그러자 물이 변해 포도주가 되었고, 이로써 예수님의 영광이 드러났습니다.

[11]예수께서 이 첫 표적을 갈릴리 가나에서 행하여 그의 영광을 나타내시매 제자들이 그를 믿으니라 [12]그 후에 예수께서 그 어머니와 형제들과 제자들과 함께 가버나움으로 내려가셨으나 거기에 여러 날 계시지는 아니하시니라

하나님의 영광은 거룩하심과 연관이 있습니다. 하나님은 거룩하셔서 우리 이해를 초월해 존재하십니다. 그리고 하나님께 속한 모든 사물과 모든 사람에게 거룩하기를 요청하십니다. 우리는 자기 힘으로 그 거룩하심에 이를 수 없지만, 주님이 거룩하신 것같이 우리도 거룩하도록 부름받았습니다(벧전 1:15~16). 거룩하게 구별된 빛이 하나님의 영광을 위해 온 인류에 비칩니다(마 5:16).

> "첫 기적으로 예수님이 자기 영광을 드러내셨습니다. '아버지의 독생자의 영광이요 은혜와 진리가 충만하더라'(요 1:14). 예수님의 영광이 가장 극명하게 드러난 것은 십자가와 부활과 승귀에서였으나, 예수님 사역의 모든 과정 하나하나가 그 영광을 향하고 있었습니다." [4]
>
> _D. A. 카슨

예수님이 물로 포도주를 만드신 사건 역시 하나님의 기적을 통한 다른 계시들처럼 거룩하게 구별되었고, 영광으로 가득했습니다. 성경은 포도주의 양과 품질을 기록하는 일을 놓치지 않았습니다. 요한은 연회장이 378리터 이상의 양을 최고 품질의 포도주로 품평한 사실을 확실히 알려 주었습니다(요 2:6, 10). 하나님의 온전하신 영광과 거룩하심이 완벽한 포도주를 통해 계시된 것입니다.

 **Q** 하나님이 하신 일이 틀림없다고 증언할 만한 일을 체험한 적이 있습니까? 그 체험은 어떤 영향을 미쳤습니까?

포도주는 완벽했습니다. 그런데 그 비밀이 새어나가지 않은 사실이 흥미롭지 않습니까? 연회장은 신랑에게 포도주의 품질을 칭찬하면서도 그것이 어디서 왔는지를 알려고 하지 않았습니다. 신랑 또한 그런 기적에 관해서는 아는 바가 없었을 것입니다. 오로지 종들과 제자들만이 이야기의 전모를 아는 특권을 누렸습니다. 예수님은 자기 "때"가 아직 차지 않았음에도 불구하고, 사랑하는 사람의 필요를 채워 주셨습니다. 어떤 권력이나 영향력도 이보다 대단하지 못했을 것입니다. 종들과 제자들은 기적에 놀랐지만, 지붕 위에 올라가서 선포하지는 않았습니다.

Q 교회 울타리 밖에서 하나님의 영광이 드러나는 것을 본 적이 있습니까? 그것을 본 사람들은 어떻게 변화되었습니까?

Q 예수님의 복음을 선포하는 사역은 교회 밖에서 하나님의 영광을 어떻게 드러냅니까?

결론

"그래서 이 이야기가 나와 대체 무슨 상관이란 말입니까? 예수님은 이제 세상에 계시지 않으니 기적을 볼 수도 없잖아요"라고 말할 수도 있습니다. 맞습니다. 하지만 당신이야말로 하나님을 드러내는 예수님의 기적입니다.

"내가요? 난 은혜로 구원받은 죄인일 뿐인 걸요"라고 말할 수도 있습니다. 맞습니다. 하지만 '예수님이 내 마음에 어떻게 들어오셨고, 내 이름을 어떻게 부르셨으며, 나를 근본적으로 어떻게 변화시키셨는지'를 다른 사람들에게 말하는 순간, 당신은 믿지 않는 사람들에게 물이 포도주로 변한 것과 같은 신기하고도 놀라운 기적이 되는 것입니다.

예수님이 기적을 행하시기 전에 자신의 사명을 먼저 생각하신 것처럼, 우리도 누군가와 대화를 나눌 때나 점심을 함께할 때나 이런저런 활동을 할 때마다 우리의 사명을 먼저 생각해야 합니다. '과연 나는 그리스도를 드러내고 있는가? 다른 사람들에게 그리스도를 증거하고 있는가? 말과 행동으로 예수님이 만왕의 왕이요, 만주의 주요, 세상 죄를 지고 가는 하나님의 어린양이심을 증거하고 있는가?'

그리스도와의 연결

죄는 하나님과의 관계를 파괴하고, 인생을 영적 황폐와 슬픔으로 몰아갑니다. 그리스도의 기적들은 우리가 예수님의 영광스러운 삶과 죽음과 부활을 믿을 때 하나님과의 기쁜 화해가 가능함을 알려 줍니다.

하나님의 계획
우리의 사명

하나님은 우리에게 예수님이 하라고 명하신 일들을 하고, 다른 사람들을 믿음으로 인도해 하나님의 영광을 드러내라고 말씀하십니다.

1. 사람이 자기 사명을 감당할 때, 예수님이 그의 간구에 응답하신다는 사실에서 어떤 용기를 얻습니까?

____

____

____

2. 하나님의 아들이신 예수님에게서 받은 복음을 위한 소명은 무엇입니까?

____

____

____

3. 교회/공동체가 신실하게 예수님을 바라보며 주님의 영광과 권세를 믿고 확신할 수 있도록 서로 격려하는 방법에는 어떤 것들이 있을까요?

____

____

____

꿈꿈 포도주를 만드시다

*
금주의 성경 읽기
렘 25~32장

하늘의 떡을 주시다

 **신학적 주제** 예수님은 하늘에서 내려오는 떡을 주시는 하나님의 아들이십니다.

Session 8

대부분의 사람이 영향력과 책임이 아주 컸던 사람의 자리를 이어가는 데 큰 부담을 느낍니다. 예컨대, 팀을 연승으로 이끈 감독이 은퇴한 후 그 감독 자리를 제의받는다면 당신은 어떤 마음이 들까요? 교회 청년부 모임을 놀랍게 성장시킨 회장이 임기를 다한 후 당신이 그 청년부의 회장 후보로 지명을 받는 다면 기꺼이 헌신해 섬기겠습니까?

Q 누군가를 대신해 그 사람의 역할이나 책임을 감당하는 것이 꺼려지는 경우가 있었습니까? 그 이유는 무엇이었습니까?

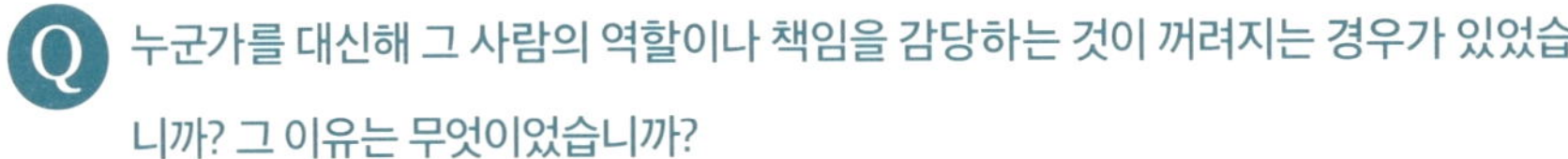

구약에서 가장 큰 책임을 맡았던 사람은 바로 모세였습니다. 모세는 아기였을 때 하나님의 손길로 구원을 받았고(출 2장), 불타는 떨기나무에서 나타

Date .   .

나신 하나님으로부터 자기 백성을 구하라는 소명을 받았습니다(출 3장). 그리고 모세는 그것들을 잘 해냈습니다. 모세를 통해 하나님이 베풀어 주신 기적들은 일종의 전설이 되었습니다.

모세의 지팡이는 뱀이 되었다가 다시 지팡이가 되었고, 손에는 문둥병이 생겼다가 곧 없어졌습니다(출 4장). 그러고는 나일강이 피로 변했고, 개구리·이·파리 등의 재앙이 임했고, 가축의 전염병이 돌았고, 동물뿐 아니라 사람에게도 악성 종기가 번졌고, 우박과 메뚜기와 어둠이 차례로 몰려와 애굽을 심판했습니다. 이것들 가운데 가장 극심한 재앙(장자의 죽음)을 모세가 불러왔을 때, 애굽의 바로는 비로소 하나님이 자기 백성을 보내라고 하신 말씀에 귀를 기울였습니다(출 7~12장). 그러나 기적은 거기서 멈추지 않고, 더 커졌습니다.

만나란 "이게 뭐지?"라는 뜻입니다. 이스라엘 백성은 그것이 무엇인지 알지 못해 그것을 그렇게 불렀다고 합니다. 그들이 굶어 죽을 것만 같아서 애굽의 노예 생활로 돌아가는 편이 낫겠다고 불평하자, 하나님은 모세에게 "하늘에서 떡을 비처럼" 내려주겠다고 하셨습니다(출 16:4). 하나님은 그들의 배를 채울 뿐만 아니라, 여호와께서 채워 주신다는 진리로 그들의 영혼을 채우고자 하셨습니다(출 16:12). 하나님은 만나를 항아리에 담아 언약궤에 보존하게 함으로써, 하나님이 백성을 부양하신 것을 기념하게 하셨습니다(출 16:32~34).

'모세. 기적들. 만나.' 정말이지 이어가기에 큰 책임이었으나, 한 분이 그 책임을 감당했습니다. 모세가 위대한 사람이었어도 그가 한 일은 오직 언젠가 자기 뒤에 오실 그 한 분의 길을 예비하는 것이었습니다.

이 세션에서는 예수님이 육적인 필요뿐 아니라, 영적인 필요도 채워 주시는 분임을 살펴볼 것입니다. 예수님은 따르는 무리를 불쌍히 여기셨습니다. 그 자리에서 구할 수 있는 것으로 놀라운 기적을 일으켜 무리를 먹이셨으며, 그 복을 제자들을 통해 무리에게 전달하셨습니다. 5천 명을 먹이신 기적은 "생명의 떡"이신 예수님이 무리에게 떡을 주시는 하나님이심을 입증한 사건입니다(요 6:35).

1. 예수님은 무리를 불쌍히 여기셨습니다 (마 14:13~14)

누구에게나 절망과 비탄에 빠져 아무도 만나고 싶지 않을 때가 있기 마련입니다. 예수님도 비슷한 일을 겪으셨습니다. 세례 요한은 예수님의 사촌이요, 선지자요, 선구자요, 엘리야 같았습니다. 세례 요한은 하나님의 명령을 용감하게 나누고자 했습니다. 그래서 자기 잘못을 인정하지 않고 비극적인 실수를 한 통치자의 손에 참수를 당하고 말았습니다. 세례 요한의 제자들은 스승의 사망 소식을 접하고 예를 갖추어 장례를 치른 후 그 사실을 알리러 예수님을 찾아갔습니다 (마 14:1~12). 여기서부터 이야기가 시작됩니다.

¹³ 예수께서 들으시고 배를 타고 떠나사 따로 빈 들에 가시니 무리가 듣고 여러 고을로부터 걸어서 따라간지라 ¹⁴ 예수께서 나오사 큰 무리를 보시고 불쌍히 여기사 그중에 있는 병자를 고쳐 주시니라

"무리가 듣고"(13절)란 예수님이 배를 타고 다른 곳으로 가신다는 소식을 무리가 들었다는 뜻입니다. 예수님은 아마도 세례 요한이 비명에 갔다는 소식을 들으시고 고통과 비탄에 잠긴 채 배를 타셨을 것입니다. 이는 하나님의 아들이 모든 면에서 우리 인간과 같으신 분이었다는 것을 보여 줍니다. 예수님은 그렇게 인간으로 오셔서 우리를 대신해 형벌을 받으셨습니다 (히 2:17). 예수님이 배에서 내리셨을 때, 무리가 예수님을 기다리고 있었습니다.

그들에게는 예수님이 필요했습니다. 예수님만이 그들의 겉과 속을 치유해 주실 수 있기 때문입니다. 예수님만이 영생의 말씀을 가지고 계시기 때문입니다. 그들은 단순한 오락거리를 찾아온 것이 아닙니다. 그들은 오래전부터 들어왔던 기적을 예수님이 베풀어 주시길 기대했습니다. 그들은 부모에게서 모세와 재앙 이야기를 들었고, 홍해가 갈라지고 바위에서 물이 솟고 하늘에서 만나가 내려온 이야기를 들었습니다. 그들이 보기에 예수님은 모세처럼 여호와의 능력을 받은 분 같았습니다. 예수님은 비록 피곤하고 지치고 감정적으로 어려우셨음에도 무리를 불쌍히 여기셨습니다.

 **다른 사람들에게 온정을 베풀지 않는 이유는 무엇입니까?**

예수님이 그러셨던 것처럼, 우리도 다른 사람들에게 긍휼을 베풀어야 합니다. 절망하고, 상처받고, 슬퍼하고, 비탄에 휩싸인 사람들을 볼 때마다 우리에게는 해답이 있다는 것을 기억해야 합니다. 우리는 기적을 행하시는 분을 압니다. 그분은 죄와 슬픔을 제압하는 권세를 가지고 계셨습니다.

다른 사람들을 긍휼히 여기면, 먹을 것이나 돈을 나누게 됩니다. 평화와 위로와 소망의 말을 건네게 됩니다. 긍휼한 마음은 지치거나 슬프거나 괴로울 때도 굳어지지 않습니다. 예수님은 이렇게 말씀하셨습니다.

"아버지께서 나를 사랑하신 것같이 나도 너희를 사랑하였으니 나의 사랑 안에 거하라"(요 15:9).

하나님 아버지는 독생자를 보내심으로써 자신의 사랑을 입증하셨습니다(요 3:16). 아버지와 아들과 성령의 긍휼히 여기심은 감정에만 머물지 않고 행동으로 옮겨졌습니다. 그와 같이 그리스도를 따르는 우리도 긍휼히 여기는 사람이 되어야 합니다.

예수님은 무리에게 먹을 것을 주시

> *"기적 중의 기적은 삶이 변화되는 것입니다. 그런 변화는 마음을 열고 하나님을 위해 살 때 일어납니다. 사람들이 당신 안에 계신 그리스도를 보고 있습니까? 그분의 사랑과 긍휼과 정결과 기쁨을 보고 있습니까? 그리스도께 온전히 맡기고, 그분의 성령으로 당신을 변화시키시도록 간구해 주님의 변화시키는 능력의 기적을 증명하는 생생한 증인이 되십시오."*[1]
>
> _빌리 그레이엄

기 전에 그보다 훨씬 더 값진 것을 주셨습니다. 그것은 바로 예수님 자신입니다. 출애굽기에서는 하늘에서 떡이 내려와 하나님의 백성을 먹였으나, 생명의 떡은 영원한 만족을 줄 것입니다(요 6:35~38). 예수님이 긍휼한 마음으로 병자들을 고쳐 주셨습니다.

Q 최근에 긍휼을 베푼 적이 있습니까?

Q 내가 베푼 긍휼로 다른 사람의 삶, 그리고 내 삶이 어떻게 달라졌습니까?

2. 예수님은 우리가 가진 것으로 불가능한 일을 해내십니다

(마 14:15~18)

때때로 우리는 부정적 시각으로 예수님을 폄하하기도 합니다. 우리는 예수님이 누구이시며 어떤 일을 하실 수 있는지 다 안다고 생각하지만, 실제로는 그분이 전지전능하시며 영생하시는 분이라는 사실을 제대로 알지 못하는 것 같습니다. 그래서 다리가 부러진 친구를 위해서는 기도하면서도 마음에 상처를 입은 자기 자신을 위해서는 기도하지 않는 것인지도 모릅니다. 그래서 자녀를 위한 기도를 하긴 하지만, 부모로서 통제력을 상실했을 때만 기도하는지도 모릅니다. 그렇게 우리는 마지못해 하나님께 맡겨 드리곤 하는데, 막상 하나님이 일하시는 것을 보면 놀랄 때가 있습니다.

불행히도 우리는 통제권을 하나님께 드리지도 않으면서, 하나님이 하셔야 한다고 생각하는 일들을 하나님이 하지 않으신다고 원망하는 경향이 있습니다. 이스라엘 백성은 모세와 아론에게 "너희가 이 광야로 우리를 인도해 내어 이 온 회중이 주려 죽게 하는도다"(출 16:3) 하고 불평했습니다. 그들은 음식을 달라고 하나님께 구하지도 않았으면서, 주리게 되었다고 하나님을 원망했습니다. 그들은 하나님께 아무것도 고하지 않았으면서, 하나님께 실망감을 표현했습니다. 하나님은 그들이 구하기까지 기다리신 것입니다. 이스라엘 백성은 믿음이 부족했고 원망도 했지만, 하나님은 신실하게 그들의 요구를 들어주셨습니다.

 **사람들은 어떨 때 하나님을 원망합니까?**

 **하나님을 원망하는 사람들은 하나님을 어떻게 생각하고 있는 걸까요?**

[15]저녁이 되매 제자들이 나아와 이르되 이곳은 빈 들이요 때도 이미 저물었으니 무리를 보내어 마을에 들어가 먹을 것을 사 먹게 하소서 [16]예수께서 이르시되 갈 것 없다 너희가 먹을 것을 주라 [17]제자들이 이르되 여기 우리에게 있는 것은 떡 다섯 개와 물고기 두 마리뿐이니이다 [18]이르시되 그것을 내게 가져오라 하시고

제자들은 이렇게 생각했을 것입니다.
- "이곳은 빈 들"이므로, 필요한 것을 구할 수 없다.
- "때도 이미 저물었으니" 이제 사람들은 돌아가 밥을 먹고, 잠을 자야 한다.
- "무리를 보내어 마을에 들어가 먹을 것을 사 먹게" 해야 한다.

제자들은 문제를 논리적으로만 풀려고 했습니다. 그들은 날이 저물자 음식을 구할 수 없는 빈 들의 사역은 끝났다고 판단했습니다. 참으로 인간적인 생각입니다. 예수님께 영적인 것들을 구하면서도 일상적인 상처를 치유할 소망은 갖지 않는 우리의 모습 같지 않습니까? 오늘날 우리도 비슷한 핑계를 대곤 합니다.
- 우리는 스스로 자신의 삶을 주장하거나 광야 한복판에 있으려고 합니다. "우리 교회에는, 우리 가정에는, 우리 직장에는 더 이상 소망이 없어." "나는 우리 교회에서 제대로 공급받지 못하고 있어." "내 결혼생

활은 이미 오래전에 끝났어.”

- 우리는 영적 문제들에 관해 자의적으로 시간을 제한합니다. “나이가
  너무 많으니 아무런 영향력을 행사할 수 없어.” “그 사람은 변화되기
  에는 너무 늦었어.” “하나님이 20년 전에 불러주셨더라면 좋았을걸.”
- 우리는 다른 사람들의 필요를 채워줄 능력이 없다고 스스로 결정합니
  다. “자신이 준비되어 있지 않으면, 아무것도 도와줄 수 없어.” “내 말
  을 통 듣질 않으니 그냥 포기해야겠어.” “헛수고만 했네. 이제 끝이야.”

그곳은 빈 들이었고, 때는 저물었으며, 사람들은 굶주렸습니다. 먹을 것
이라곤 가난한 소년이 가져온 것이 전부였습니다(요 6:9). 제자들은 누군가 가
져온 음식이 있는지 신속하게 알아봤고, 한 소년이 음식을 가지고 있는 것을 알
게 되었습니다. 절망적인 상황 아닙니까? 그런데 예수님은 “그것을 내게 가져오
라”고 말씀하셨습니다. 예수님은 오늘날 우리에게도 똑같이 말씀하십니다.

현재 내게 불가능해 보이는 상황은 무엇입니까? 나의 상황을 주님께 온전히 맡겨 드
린다는 것은 어떤 의미입니까?

3. 예수님은 따르는 이들을 통해 사람들의 필요를 채워 주십니다(마 14:19~21)

[19] 무리를 명하여 잔디 위에 앉히시
고 떡 다섯 개와 물고기 두 마리를
가지사 하늘을 우러러 축사하시고
떡을 떼어 제자들에게 주시매 제자
들이 무리에게 주니 [20] 다 배불리 먹
고 남은 조각을 열두 바구니에 차게
거두었으며 [21] 먹은 사람은 여자와 어
린이 외에 오천 명이나 되었더라

능력과 기적은 모두 예수님에게서 나왔으나, 사람들의 손과 제자들의 발을 통해 실행되었습니다. 예수님은 먼저 음식을 축사하신 후, 그 하늘 양식을 시간도 늦었고 음식도 없다고 불평하면서도 계속 예수님 주변에 앉아 있던 사람들에게 나누어 주셨습니다(마 14:15, 17). 그들이 지켜보는 가운데 떡과 물고기는 5천 명이 먹기에 충분한 양식이 되었습니다. 각 사람이 간식처럼 조금만 먹은 것이 아니라, 배가 부를 정도로 넉넉히 먹었습니다.

자기 문제를 풀 때는 인간적 논리를 앞세우던 사람들이 떡과 물고기가 기적처럼 불어나는 것을 목격했습니다. 그들은 예수님의 기적을 소상하게 알아차리지는 못했지만, 남은 음식이 열두 바구니를 채운 것은 확실히 봤습니다. 제자마다 채 먹지 못한 하늘의 떡을 바구니에 한가득 채웠습니다. 만나는 낮의 햇볕에 녹아 사라졌지만, 이 떡은 바구니에 담겨 하나님이 풍요롭게 공급하시는 분임을 모든 사람에게 증거했습니다.

예수님을 주와 구세주로 영접할 때, 우리는 종으로 부름받게 됩니다. 종이 된다는 것은 기적을 이루는 통로 역할을 한다는 것을 의미합니다. 때때로 미친 짓 같고, 남들도 미친 짓이라고 이야기하지만, 그럼에도 불구하고 믿음으로 나아갈 때가 있습니다. 때때로 무엇 때문에 우리가 이런 방식으로 단조로운 일상을 사는지 도무지 알지 못하다가도, 곧 하나님이 우리를 사용해 다른 사람들에게 하나님의 영광을 드러내신다는 것을 깨닫게 됩니다. 우리도 그렇게 기적을 경험했던 것입니다.

Q 하나님은 어떤 사람을 어떻게 사용해 나에게 하나님을 드러내 주셨습니까?

Q 하나님이 나를 어떻게 사용해 하나님의 이름으로 누구를 사랑하거나 인도하게 하셨습니까?

결론

모세와 예수님은 모두 하늘에서 내려 주는 떡의 기적과 관련이 있습니다. 두 경우 모두 떡으로 사람들의 주린 배를 채워 주었습니다. 떡이 배를 채우고 마음을 강하게 하니, 사람들은 하나님을 믿고 하나님이 보내신 사람을 믿게 되었습니다. 그러나 예수님은 "나는 생명의 떡"(요 6:35)이라고 선포하심으로써 모세의 만나에서 시작된 가르침을 완성하셨습니다.

어쩌면 당신은 마태복음에 등장하는 무리 가운데 한 명으로 떡을 받아먹고 예수님의 긍휼하심을 느끼면서도 예수님의 말씀이 정확히 무슨 뜻인지 파악하지 못하고 있는지도 모릅니다. 예수님은 지금 당신에게 자신을 생명의 떡으로 주고 계십니다.

어쩌면 당신은 제자로 살아가면서 "생명의 떡"의 진정한 의미를 파악하고 기쁨을 직접 체험하고 있는지도 모릅니다. 그렇다면 주변에서 길을 잃고 죽어 가는 사람들에게도 그 생명의 떡을 나누어 그들을 채워 주십시오.

> "하나님은 종종 평범한 사람들과 보잘것없어 보이는 사람들을 통해 역사하십니다. 역사를 통해 볼 때, 하나님은 위기의 순간마다 아기를 보내셨습니다. 이삭, 모세, 사무엘, 세례 요한, 그리고 예수님은 모두 위급한 때에 하나님의 응답으로 태어나셨습니다. … 그리스도인들은 종종 사역에 동참하는 사람들의 수로 성공을 판단합니다. 하나님의 능력이 눈에 띄게 나타나기를 구합니다. 그러나 우리는 하나님의 관점으로 성공을 바라볼 줄 알아야 합니다. 하나님은 마음을 중요시하시며, 순종을 기뻐하십니다."[2]
> _헨리 블랙커비 & 리처드 블랙커비

그리스도와의 연결

이스라엘 백성이 광야에서 굶주렸을 때, 하나님은 모세를 통해 하늘의 만나를 내려 주셨습니다. 모세보다 위대하신 예수님은 하늘에서 내려오는 떡을 주실 뿐만 아니라, 자신을 생명의 떡으로 세상에 주신다고 말씀하십니다.

하늘의 떡을 주시다

**하나님의
계획**
우리의 사명

하나님은 예수님이 사람들의 필요를 채워 주실 때, 주님의 손과 발이 되라고 우리를 부르셨습니다.

1. 예수님이 사람들의 필요를 채워 주실 때, 주님의 손과 발의 역할을 하려면 어떻게 해야 할까요?

   ____

   ____

   ____

2. 예수님이 사람들의 필요를 채워 주실 때, 당신이 쓸 수 있는 재능과 자원을 열거해 보십시오.

   ____

   ____

   ____

3. 어떻게 하면 그리스도의 긍휼을 그리스도를 필요로 하는 사람들에게 구체적으로 증거할 수 있을까요?

   ____

   ____

   ____

*

금주의 성경 읽기
렘 33~40장;
시 74편; 79편

물 위를 걸으시다

신학적 주제 예수님은 우리가 받는 시험과 시련의 한가운데 능력으로
함께하십니다.

Session 9

　　'주권자'란 완전한 통수권을 지닌 주체를 뜻합니다. 누군가를 자신의 주권자로 인정하는 것은, 설령 그분이 하나님일지라도 쉽지 않습니다. 우리는 자유롭게 독립하고 싶은 욕망 때문에 "하라", "하지 마라" 하고 명령하는 사람을 싫어합니다. 그러나 겸손하게 구원받을 필요를 인정하면, 우리의 주권자이신 구세주의 위대하심을 알게 됩니다. 그럴 때 우리는 어떤 상황에서도 그분이 우리를 지켜 주신다는 확신을 갖게 됩니다.

> "예수님에 대한 믿음은 예수님이 누구이신가에서 우러나와야 합니다. 그분이 누구이십니까? 바로 하나님의 아들이십니다."[1]
>
> _번 S. 포이트레스

Q 이 세상에서 권력을 가진 사람들은 어떤 사람들입니까?

Date　　　.　　　.

 이 세상에서 다른 사람의 권력을 인정하기 어려운 이유는 무엇입니까?

우리는 그리스도인으로 살면서 우리를 시험하는 여러 어려움과 씨름합니다. 그러나 그리스도인은 혼자가 아닙니다. 하나님의 아들이신 예수님이 만물의 주권자로서 우리를 깊은 위로와 용기의 자리로 불러내 삶의 어려움에 당당히 맞서게 하십니다. 예수님은 바람과 파도도 지배하는 주권자이십니다. 그러므로 우리는 어떠한 상황에서도 그분을 예배하고, 다른 이들을 예배로 초청할 수 있습니다.

1. 예수님은 우리가 처한 상황의 주권자이십니다(마 14:22~25)

22예수께서 즉시 제자들을 재촉하사 자기가 무리를 보내는 동안에 배를 타고 앞서 건너편으로 가게 하시고 23무리를 보내신 후에 기도하러 따로 산에 올라가시니라 저물매 거기 혼자 계시더니 24배가 이미 육지에서 수리나 떠나서 바람이 거스르므로 물결로 말미암아 고난을 당하더라 25밤 사경에 예수께서 바다 위로 걸어서 제자들에게 오시니

이 기간에 예수님은 하나님을 위한 사역에 온 시간을 쓰셨습니다. 그러나 오늘날 교회의 전임 사역자와 같은 개념은 아니었습니다. 예수님은 하나님이 보내신 사명을 완수하기 위해 온전히 헌신하셨습니다. 예수님은 마음을 다하고, 목숨을 다하고, 힘을 다하며 뜻을 다하여 사람들을 돌보셨습니다. 하나님이 보내신 사명을 완수하려면 육체의 지구력이 필요했기 때문에 예수님은 시간을 따로 떼어 하늘 아버지와 단둘이 있는 시간을 가지신 것입니다.

이것은 모든 믿는 자가 배워야 할 부분입니다. 그리스도인은 저마다 사역 현장에 있습니다(마 28:16~20). 예수님은 모든 민족을 제자 삼으라고 교회에 명령하셨습니다. 제자 삼는 일은 사람들을 복음으로 초청해 믿게 할 뿐만 아니라, 그리스도의 몸 된 교회의 지체로서 지속적으로 하나님을 섬기도록 양육하는 일입니다.

제자로 삼는 일은 여러 그리스도인이 한 제자를 길러 내는 과정입니다. 이런 의미에서 모든 그리스도인이 사역에 부름받았다고 할 수 있습니다. 따라서 그리스도인은 하나님이 완수하라고 보내신 사명에 자신의 전 생애를 헌신해야 합니다. 예수님은 육체적으로, 정신적으로, 영적으로 지쳐 있을 때, 어떻게 해야 하는지에 관한 완벽한 모범을 보여 주셨습니다. 우리도 예수님처럼 가끔은 홀로 하나님께 나아가 회복하는 시간을 가져야 합니다.

> "'어찌 저를 돌보지 아니하시나이까?' 예수님의 몸이 궁극적 풍랑에 빠지는 장면이 존재 깊은 곳에 각인된 사람은 결코 그런 말을 내뱉지 않습니다. 궁극의 풍랑에도 불구하고 우리를 버리지 않으신 분이 현재의 시시한 풍랑 속에서 우리를 버리시겠습니까? 게다가 언젠가는 그분이 돌아오셔서 모든 풍랑을 영원히 잠재우실 것입니다."[2]
>
> _팀 켈러

Q 하나님을 모든 상황의 주권자로 모신다면, 우리 기도가 어떻게 달라질까요?

Q 하나님 앞에 나아가 홀로 기도하는 것은 어떤 점에서 유익합니까?

날이 저물 때였고, 제자들은 바다에 있었습니다(23~24절). 예수님이 아버지 앞에 혼자 계실 때도 세상은 돌아갔고, 제자들은 폭풍 한가운데 있었습니다.

예수님은 폭풍 한가운데서 고군분투하는 제자들을 보셨습니다. 하지만 그들을 곧장 구해 주지 않으셨습니다. 아마도 그들은 12시간 정도 폭풍 속에서 버둥거렸을 것입니다. 그런데도 예수님은 보고만 계시다가 마침내 물 위를 걸어서 제자들에게 가셨습니다.

이 진리가 우리에게 위로와 힘이 되는 이유는 지금은 예수님이 하늘 아버지께로 올라가 계시기 때문입니다. 전지전능하신 예수님은 천국에 계시면서도 성령을 통해 우리와 함께 내재하십니다. 예수님의 눈이 우리 위에 있습니다. 예수님은 늘 우리와 함께하시며 통치하십니다.

제자들은 예수님이 다가오시는 것도 모를 정도로 폭풍 속에서 사력을 다해 노를 저었습니다. 그들은 바다에서 죽고 싶지 않았기에 바람과 파도에 맞서 싸웠습니다. 그들은 두려움 속에서 견뎠고, 애쓴 보람이 있었습니다. 예수님이 제자들에게 긍휼과 능력을 베푸셨고, 덕분에 제자들은 예수님을 계속 예배할 수 있게 되었습니다.

예수님이 모든 상황의 주권자이시며 우리를 성장시키기 위해 삶의 고난을 사용하신다는 사실을 알면, 믿음으로 인내할 수 있습니다. 예수 그리스도를 따르는 사람들은 어떤 상황이나 환경에서도 하나님이 맡기신 사명에 순종해야 합니다. 우리는 예수님의 긍휼과 능력 안에서 인내할 힘을 얻습니다.

Q 하나님이 즉각 응답하지 않으셔서 시련을 견뎌야 했던 적이 있나요? 그 시련을 통해 믿음 성장에 어떤 도전을 받았습니까?

2. 예수님은 폭풍 한가운데서도 용기와 믿음을 가지라고 말씀하십니다(마 14:26~31)

²⁶ 제자들이 그가 바다 위로 걸어오심을 보고 놀라 유령이라 하며 무서워하여 소리 지르거늘 ²⁷ 예수께서 즉시 이르시되 안심하라 나니 두려워하지 말라

예수님을 본 제자들은 그분이 설마 예수님일 거라고는 생각하지 못했습니다. 예수님을 유령으로 오해한 것입니다. 여기서 기억해야 할 것은 제자들이 예수님을 마지막으로 만난 것이 예수님이 바닷가에 서 계실 때였다는 사실입니다. 그러므로 제자들 가운데 누구도 설마 예수님이 물 위를 걸어서 오시리라고는 생각하지 못했습니다. 예수님은 자신의 정체를 밝히시고, 제자들을 안심시키셨습니다. 그리고 제자들이 두려움을 용기로 바꿀 수 있도록 격려하셨습니다. 우리는 이 진리를 기억해야 합니다. 예수님이 가까이 계실 때, 우리는 두려워할 이유가 없습니다. 예수님이 항상 우리 곁에 계시고, 우리를 떠나지 않으시리라는 확신을 가지면 안심할 수 있습니다(히 13:5).

물리적 폭풍이 지나간 뒤에도 정신적 폭풍은 남기 마련입니다. 그러나 어떤 폭풍이 닥치더라도 예수님을 알기만 하면, 우리는 폭풍 한가운데서도 평안을 누릴 수 있습니다. 복음은 예수님과의 관계 덕분에 우리가 하나님의 화평으로 나아갈 뿐 아니라 하나님과 화평을 누린다는 사실을 일깨워 줍니다.

> **핵심교리 99**
>
> **27. 창조의 선함**
>
> 창세기 1장에서 하나님이 창조하신 모든 것은 하나님이 보시기에 좋았습니다. 심지어 심히 좋았습니다(창 1:31 참조). 하나님이 그것들이 좋았다고 판단하신 이유는 창조하신 그것들이 창조자의 선하신 본성을 반영하고 드러냈기 때문입니다. 그러므로 죄와 악은 창조의 기본 요소가 아닌 창조의 부패로 보아야 합니다. 죄의 결과로 인해 창조가 손상되고 일그러졌지만, 하나님이 그것을 운행하고 계시기에 여전히 창조는 선하고, 또한 하나님의 영광을 세상에 선포하는 목적을 수행하고 있습니다. 하나님의 백성은 하나님의 창조의 선하심을 증언하고 보존하기 위해 노력해야 합니다(2:15).

예수님이 성취하신 사역으로 말미암아 우리는 하나님과 화해하고 하나님의 가족으로 입양되었습니다(롬 5:1). 하나님과 화해하면, 하나님의 평강이 우리에게 공급됩니다(롬 16:20; 빌 4:7). 하나님의 평강은 인생의 단계마다 가질 수 있는 고요한 해결책입니다(엡 6:15). 예수님은 모든 상황의 주권자이십니다. 우리는 예수님이 우리를 하나님의 뜻에 따라 인도하시고, 어떠한 상황에서도 우리를 고난 가운데 내버려두지 않으실 것을 알기에 담대할 수 있습니다. 예수님은 우리가 경주를 마칠 때까지 인내하게 도와주십니다.

Q 자연의 폭풍과 인생의 폭풍 중 어떤 것이 더 심각할까요? 왜 그렇게 생각하나요?

 예수님이 성난 바다 위를 걷는 능력을 지닌 분이라는 사실이 우리에게 어떻게 용기를 줍니까?

예수님이 물 위를 걸어 제자들에게 오시자, 제자들이 기겁하며 예수님을 유령으로 생각했습니다. 그러자 예수님이 제자들에게 이렇게 말씀하셨습니다. "안심하라. 나니 두려워하지 말라"(27절). 여기서 "나다"라는 말씀은 하나님이 모세에게 나타나셔서 "나는 스스로 있는 자이니라"(출 3:14)라고 직접 밝히신 사건을 떠올리게 합니다.

성경에 따르면, 하나님은 하나님의 속성과 본성을 우리에게 계시하기 위해 우리 삶의 다양한 시점들에 여러 시험을 주권적으로 배치하시는 것이 틀림없습니다(롬 8:28~30; 약 1:1~4; 벧전 4:12~16). 폭풍 가운데 현현하시는 그리스도는 생생하고 인상적입니다. [3] 예수님이 위대하신 "스스로 있는 자"로서 항상 우리와 함께하시므로, 우리는 폭풍 한가운데서도 담대하게 믿을 수 있습니다. 그런데 우리 믿음이 흔들린다면 어떻게 해야 할까요?

[28]베드로가 대답하여 이르되 주여 만일 주님이시거든 나를 명하사 물 위로 오라 하소서 하니 [29]오라 하시니 베드로가 배에서 내려 물 위로 걸어서 예수께로 가되 [30]바람을 보고 무서워 빠져 가는지라 소리 질러 이르되 주여 나를 구원하소서 하니 [31]예수께서 즉시 손을 내밀

어 그를 붙잡으시며 이르시되 믿음이 작은 자여 왜 의심하였느냐 하시고

베드로의 청을 들으신 예수님은 베드로에게 배에서 내려 물로 걸어오라고 말씀하셨습니다. 이 말을 들은 제자들은 깜짝 놀랐습니다. 예수님이 아직 폭풍을 잠잠케 하지 않으셨으므로 여전히 바람이 성난 듯이 불고, 물이 휘몰

아쳤을 것입니다. 그런데도 베드로는 예수님의 명령에 순종했습니다. 하지만 곧 베드로는 물 위에서 강한 바람에 시선을 빼앗기고 용기를 잃고 말았습니다. 과거의 두려움에 다시 사로잡혀 예수님을 향한 집중력을 잃고 만 것입니다.

베드로가 예수님께 구해 달라고 소리쳤을 때, 예수님은 곧장 구해 주셨습니다. 그러고 나서 예수님은 베드로의 믿음 없음을 드러내시고, 왜 의심했는지 물으셨습니다. 그런데 베드로의 믿음이 적은 것입니까? 베드로는 예수님의 말씀에 따라 배에서 내려 걸었으므로, 누구보다도 나은 믿음을 가진 것이 분명한데도 예수님은 그에게 믿음이 적다고 말씀하셨습니다. 예수님의 꾸지람은 베드로의 믿음이 약하므로 더 강하게 만들어야 한다는 뜻입니다. 그러려면 예수님께 더 많이 의지해야 합니다.

> "요란하게 울부짖는 성난 바다 한가운데서 많은 사람이 불안해할 때, 아마도 저 아래 선실에서 평온한 모습으로 있는 그리스도인들이 있을 것입니다. 그들은 자신들이 탄 배가 하늘나라의 항구에 다다를 것인지, 아니면 다시금 육지, 즉 삶의 시련과 역경의 한복판으로 가게 될지 모르는 상태에서 하나님 아버지의 뜻을 끈기 있게 기다립니다. 그들은 자신들이 보살핌을 잘 받고 있다고 느낍니다. 그들은 폭풍이 집어삼키려 할지라도 하나님이 그들을 붙잡아 아무 해도 입지 않게 하실 것을 압니다. 하나님이 허락하지 않으시면 아무 일도 일어날 수 없기 때문입니다."[4]
>
> _찰스 스펄전

여기서 우리는 두 가지 진리를 발견할 수 있습니다.

첫째, 예수님이 주신 용기를 한결같이 간직하고 계속 용감하게 살아야 합니다. 우리는 정기적이며 지속적으로 끈기 있게 예수님만 바라봐야 합니다 (히 12:2). 그리고 예수님이 공급해 주시는 용기를 지렛대 삼아 하나님의 영광을 위해 자신의 사명을 다해야 합니다.

둘째, 우리는 믿음과 용기를 내지 못할 때 하나님의 사랑과 구원의 진리인 복음을 의지해야 합니다. 성경을 관통하는 하나의 주제는 하나님이 언약 백성에게 하나님의 신실하심을 상기시켜 주신다는 것입니다. 우리 가운데 의심과 두려움의 시간을 보낸 적이 없는 사람이 몇이나 됩니까? 우리 가운데 고군분투하다가 걱정에 휩싸여 본 적이 없는 사람은 몇이나 됩니까? 우리 가운데 절망을 느끼지 않은 사람이 몇이나 됩니까? 때때로 삶에 닥치는 폭풍이 우리로 하여금 베드로처럼 "주여 나를 구원하소서"(마 14:30) 하고 소리치게 합니다. 복된 소식은 우리가 신실하지 못할 때도 하나님은 언제나 신실하시다는 것입니다(딤후 2:13).

 **Q** 어떻게 하면 어려운 상황에서도 그리스도 안에 있는 믿음과 용기를 보여 줄 수 있을까요?

3. 예수님은 권세 있는 하나님의 아들이시며 예배받기에 합당하십니다(마 14:32~33)

32배에 함께 오르매 바람이 그치는지라 33배에 있는 사람들이 예수께 절하며 이르되 진실로 하나님의 아들이로소이다 하더라

예수님이 폭풍을 잠잠하게 하심으로써 피조물을 통제하는 초자연적인 능력을 보여 주시는 장면도 중요하지만, 이보다 더 중요한 것은 제자들이 예수님께 경배하는 장면입니다(33절). 이 순간 제자들은 예수님이 진실로 하나님의 아들이심을 고백했습니다. 제자들이 바로 앞에 계신 예수님께 경배했다는 것은 예수님의 신성을 온전히 믿었다는 뜻입니다. 이와 같이 우리도 언젠가 우리 삶에서 위대한 일을 행하신 주님을 뵙고, 이전보다 더욱 의미 있고 신실하게 주님을 예배하게 될 것입니다.

예수님이 모든 상황의 주권자요, 우리에게 용기를 공급하는 분이심을 알면, 우리는 걱정하지 않고 예수님을 경배하게 됩니다. 빌립보서 4장 6절은 "아무것도 염려하지 말고 다만 모든 일에 기도와 간구로 너희 구할 것을 감사함으로 하나님께 아뢰라"라고 말합니다. 우리는 하나님을 신뢰하고

> *"이 이야기의 절정은 폭풍이 잠잠해지는 장면(마 14:32)이 아니라, 제자들이 예수님께 절하며 이렇게 고백하는 장면입니다. '진실로 하나님의 아들이로소이다'(마 14:33)."*[5]
>
> _D. A. 카슨

그분께 삶의 문제와 걱정을 내려놓고 기도해야 합니다.

 예수님을 권세 있는 하나님의 아들로 예배하는 이유는 무엇입니까?

결론

예수님은 항상 우리와 함께하시며 통치하십니다. 주님만이 성난 바다를 잠재울 능력을 가지고 계십니다. 예수님을 하나님의 아들로 예배하는 일 외에 우리가 할 수 있는 일이 무엇이 있겠습니까? 예수님은 바람과 파도만 잠잠하게 하신 것이 아니라, 우리 죄를 향한 하나님의 진노를 십자가에서 삼키셨습니다. 삶에 폭풍이 지나갈 때 그분에게 우리를 지켜 달라고 믿고 맡기는 일 외에 우리가 할 수 있는 일이 무엇이 있겠습니까?

이 세상에서 우리의 안위는 믿음의 강함에 있지 않고, 믿음의 대상에 있습니다. 우리의 믿음은 폭풍 속에서 흔들리겠지만, 그리스도는 굳건해 요동하지 않으시고, 폭풍을 발판 삼아 "하늘 구름"(단 7:13) 위에 올라타십니다.

우리가 복음의 귀한 말씀을 기억할 때, 우리 믿음은 힘 있게 자라납니다. 복음은 우리에게 오로지 예수님만이 우리의 예배를 받으시기에 합당하고, 우리를 구원하시는 분임을 알려 줍니다. 이 진리는 우리 마음에 불을 붙이고 우리를 인도해 어떤 상황에서도 주 하나님을 향한 사명에 신실한 증인으로 살아가게 합니다.

그리스도와의 연결

우리 믿음에서 가장 중요한 것은 믿음이 얼마나 큰가보다 누구를 믿는가입니다. 예수님은 기적과 가르침과 가장 확실하게는 죽음과 부활을 통해 자신이 우리의 믿음을 받기에 합당한 분임을 증명하셨습니다. 예수님만이 우리를 구원하실 수 있습니다.

하나님의 계획
우리의 사명

하나님은 우리에게 어려운 상황에서도 능력의 주권자이신 하나님을 신뢰하는 모습을 세상에 드러내라고 말씀하십니다.

1. 하나님의 주권과 능력을 향한 믿음은 삶의 다양한 상황에 부딪혔을 때 어떻게 드러날까요?

____

____

____

2. 어떻게 하면 예수님을 신뢰하는 믿음과 용기를 함양할 수 있을까요?

____

____

____

3. 전능하신 하나님의 아들 예수님이 예배받기에 합당하신 이유를 담아 기도문을 작성해 보십시오.

____

____

____

말씀을 읽으시다

*
금주의 성경 읽기
왕하 24~25장;
대하 36:1~21;
렘 52장; 41~44장

중풍병자의 죄를 사하시다

신학적 주제 사람에게 가장 필요한 것은 용서와 영적인 회복입니다.

Session 10

　　전에 직장에서 한 동료와 커피를 마시면서 이야기를 나눈 적이 있습니다. 그는 4대째 내려오는 목사 집안에서 태어나 어려서부터 교회에 다녔다고 했습니다. 제가 그에게 예수님을 어떻게 영접했는지 묻자, 그는 고개를 갸웃거렸습니다. 그래서 질문을 풀어서 언제 복음을 들어서 죄를 고백하고 예수님을 통한 하나님의 구원 계획을 믿게 되었는지 다시 물었습니다. 그는 한참을 곰곰이 생각하더니, 자동차 사고에서 살아났을 때 하나님이 자신을 구해 주셨음을 알았다고 대답했습니다. 저는 그 말이 무슨 뜻인지 자세히 설명해 달라고 했습니다. 그러자 그가 이야기를 시작했습니다.

> "어서 와서 십자가의 승리를 보라. … 그리스도의 상처로 치유를 얻고, 그의 고뇌로 평안을 얻으며, 그의 갈등으로 말미암아 극복할 힘을 얻고, 그의 고통으로 말미암아 우리 고통이 경감되리라. 그의 신음은 곧 우리 노래요, 그의 수치는 곧 우리 영광이요, 그의 죽음은 곧 우리 생명이요, 그의 고난은 곧 우리 구원이라."[1]
>
> _매튜 헨리

Date ．．

어느 날 그는 목적지에 빨리 가려고 운전을 서두르다가 나무를 들이받았다고 합니다. 그 짧은 순간에, 그는 차에 몸을 맡긴 채 예수님께 살려 달라고 울부짖었습니다. 차가 멈춰 서고, 자욱했던 먼지가 가라앉자 그는 안전벨트를 풀고, 깨진 앞 유리 틈으로 빠져나왔습니다. 그때 그는 하나님이 그의 기도를 들으시고, 그를 죽음에서 건져 주셨음을 알게 되었다고 말했습니다.

 저자의 이야기 속 인물과 이런 대화를 나누었다면, 구원을 향한 그의 소망에 어떻게 반응하겠습니까? 그가 놓치고 있는 것은 무엇입니까?

이 세션에서는 진정한 믿음이란 예수님이 우리 육체뿐 아니라, 영혼도 치유해 주시기를 구하는 것임을 배울 것입니다. 예수님은 완전한 하나님으로서 몸이 아픈 환자만 치유하지 않으시고, 영적 질병인 죄 문제도 고쳐 주십니다. 예수 그리스도의 복음은 죄인들을 완전하게 고쳐 온전하게 합니다.

1. 믿음이란 예수님의 치유를 간구하는 것입니다(막 2:1~4)

¹수 일 후에 예수께서 다시 가버나움에 들어가시니 집에 계시다는 소문이 들린지라 ²많은 사람이 모여서 문 앞까지도 들어설 자리가 없게 되었는데 예수께서 그들에게 도를 말씀하시더니 ³사람들이 한 중풍병자를 네 사람에게 메워 가지고 예수께로 올새 ⁴무리들 때문에 예수께 데려갈 수 없으므로 그 계신 곳의 지붕을 뜯어 구멍을 내고 중풍병자가 누운 상을 달아 내리니

마가는 예수님에 대한 중요한 배경 정보를 제공하며 본문을 시작합니다. 예수님은 설교와 전도를 위해 여행을 떠나셨다가 가버나움에 있는 집으로 돌아오셨습니다. 집으로 돌아와 쉬며 지친 몸과 마음을 회복하고자 하셨습니다. 그동안 예수님은 치유하시고, 귀신을 쫓아내시고, 여러 회당에서 설교하시느라 많이 피곤하셨을 것입니다. 그런데 예수님이 오셨다는 소문이 마을에 퍼져 예수님을 만나기 위해 사람들이 몰려왔습니다. 여기서 예수님은 완전히 사심 없는 모습을 보여 주셨습니다. 예수님은 잃어버린 자들을 몹시 긍휼히 여기셨으므로 자신을 찾는 무리와 언제라도 만날 준비가 되어 있으셨습니다.

예수님이 계신 집에 모인 사람들은 예수님이 그들을 그냥 돌려보내지 않으실 것을 잘 알고 있었습니다. 세상의 잃어버린 양들이 예수님을 찾으며 그 긍휼하심을 믿기를 기도합니다. 잃어버린 자들을 부드러운 말과 관심 어린 눈길과 필요한 것을 채워 주려는 열린 마음으로 대하면, 그들도 우리를 통해 구세주의 긍휼히 여기시는 마음을 느끼게 될 것입니다. 우리는 이렇게 함으로써, 우리를 사랑하신 구세주를 전할 수 있습니다.

Q 우리는 잃어버린 자들에게 복음을 전하지 않고, 그들과 교제하기를 꺼리는 것에 대해 어떤 변명을 하곤 합니까?

Q 우리는 복음서에서 긍휼을 베푸시는 예수 그리스도를 보고도 복음을 전하지 않는 것에 대해 어떤 변명을 하곤 합니까?

여기서 마가는 새로운 등장인물을 소개하는데, 바로 중풍병자를 예수님께 데려온 친구들입니다. 그 집은 이미 사람들로 가득 차 있었기 때문에 친구들은 정상적인 방법으로는 집 안으로 들어갈 수가 없었습니다. 그러나 그들은 중풍병자 친구를 예수님께 보여 드리고 싶은 열망으로 기발한 생각을 해냈고,

마침내 그 집의 지붕을 뚫고 중풍병자를 달아 내렸습니다.

그들은 중풍에 걸린 친구를 예수님께 치료받게 하고 싶은 열망으로 먼 길을 마다하지 않고 친구를 메고 예수님께 갔습니다. 예수님이라면 그 친구를 고쳐 주실 것이라고 확신했기 때문입니다. 그들에게서 가족과 친구를 어떻게 보살펴야 하는지를 배우게 됩니다. 가족이나 친구가 예수님을 만나 몸과 마음이 전인적으로 치유되도록, 우리는 얼마나 멀리까지 그들을 메고 갈 수 있을까요? 주변 사람들이 예수님을 만나 영적으로, 감정적으로, 정신적으로, 신학적으로, 그리고 경제적으로 회복되도록 얼마나 멀리까지 그들을 메고 갈 수 있을까요?

 **어떤 이유로 사람들을 예수님께 인도하고 있습니까?**

2. 예수님은 치유보다 용서가 더 필요할 때가 있다고 말씀하십니다 (막 2:5)

5예수께서 그들의 믿음을 보시고 중풍병자에게 이르시되 작은 자야 네 죄 사함을 받았느니라 하시니

예수님은 중풍병자의 죄를 언급하심으로써 육체적 회복을 넘어 영적 회복의 차원으로 옮겨가셨습니다. 그의 죄를 용서해 주신다는 말씀은 예수님이 곧 하나님이시라는 대담한 선포였습니다.

우리가 예수님을 온전한 신성과 인성을 가지신 분으로 쉽게 받아들일 수 있는 이유는 성경 전체에서 그 근거를 찾아볼 수 있기 때문입니다. 훗날 예수님은 사역하실

> *"그분께서 죄지은 자를 사하여 주시지 않는다면, 어떻게 죄가 제대로 씻기겠습니까?"[2]*
>
> _이레나이우스

때 이 진리를 공개적으로 표현하시곤 했는데, 결과적으로 이것은 종교 지도자들과 율법 교사들이 예수님을 신성모독죄로 기소해 죽이려는 계기가 되었습니다(요 5:18; 8:58~59). 예수님 시대에는 오늘날 우리처럼 하나님의 온전한 계시를 가지는 특권을 누리지 못했기 때문에 예수님의 능력과 죄를 용서하는 권한에 대해 사람들 사이에 상당한 이견과 긴장이 있었습니다.

이런 이유로 하나님의 아들은 길 잃은 우리를 찾아 구하시고, 자기 생명을 많은 사람을 위한 대속물로 내어 주시기 위해 하늘의 안락함을 버리셨습니다(막 10:45). 이사야서 53장 1~12절은 우리의 영적 상태를 '죄로 말미암아 병든 상태'라고 정의하고, 그런 우리를 예수님이 어떻게 고치셨는지 알려 줍니다. 이사야서 53장 4~5절은 다음과 같이 기록합니다.

"그는 실로 우리의 질고를 지고 우리의 슬픔을 당하였거늘 우리는 생각하기를 그는 징벌을 받아 하나님께 맞으며 고난을 당한다 하였노라 그가 찔림은 우리의 허물 때문이요 그가 상함은 우리의 죄악 때문이라 그가 징계를 받으므로 우리는 평화를 누리고 그가 채찍에 맞으므로 우리는 나음을 받았도다."

예수님을 구세주로 영접하는 사람들이 받는 최고의 축복은 죄의 질병을 영적으로 온전하게 치료받는 것입니다. 예수님을 믿는 사람들은 영원한 세상에 들어가기 전까지 몸의 질병에서는 자유로울 수 없겠지만, 죄의 질병에서는 자유로울 수 있습니다. 믿는 사람들은 하나님에게서 분리되지 않을 것이고, 믿지 않는 사람들에게는 죽음과 영원한 질병과 하나님의 진노가 쏟아질 것입니다(계 21:4).

Q '몸의 질병'보다 '죄로 인한 영적 질병'을 치료하는 것이 더 절박하다는 것을 사람들에게 어떻게 이해시킬 수 있을까요?

3. 예수님은 이 땅의 고통과 영원한 고통을 모두 덜어 주십니다(막 2:6~12)

⁶어떤 서기관들이 거기 앉아서 마음에 생각하기를 ⁷이 사람이 어찌 이렇게 말하는가 신성 모독이로다 오직 하나님 한 분 외에는 누가 능히 죄를 사하겠느냐 ⁸그들이 속으로 이렇게 생각하는 줄을 예수께서 곧 중심에 아시고 이르시되 어찌하여 이것을 마음에 생각하느냐 ⁹중풍병자에게 네 죄 사함을 받았느니라 하는 말과 일어나 네 상을 가지고 걸어가라 하는 말 중에서 어느 것이 쉽겠느냐 ¹⁰그러나 인자가 땅에서 죄를 사하는 권세가 있는 줄을 너희로 알게 하려 하노라 하시고 중풍병자에게 말씀하시되 ¹¹내가 네게 이르노니 일어나 네 상을 가지고 집으로 가라 하시니 ¹²그가 일어나 곧 상을 가지고 모든 사람 앞에서 나가거늘 그들이 다 놀라 하나님께 영광을 돌리며 이르되 우리가 이런 일을 도무지 보지 못하였다 하더라

그 집에 있던 서기관들은 죄를 용서하신다는 예수님의 선포에 충격을 받았습니다. 예수님의 이런 주장은 이전의 어느 교사나 예언자도 하지 않은 것입니다. 이 주장 때문에 서기관들은 예수님이 신성모독죄를 범했다고 단정 지었습니다. 왜냐하면 하나님만이 죄를 사하실 수 있는데, 예수님이 하나님과 같음을 주장하셨기 때문입니다. 예수님이 중풍병자를 고치심으로써 그의 죄를 사하시겠다는 주장을 뒷받침하시자 그들의 비난의 역설이 명백해졌습니다.

예수님은 초자연적 지식(모든 것을 아는 능력)을 사용해 서기관들의 속내를 드러내셨습니다. 그리고 어떤 사람의 몸을 치유하면서 다시 힘 있게 걸으라고

> **핵심교리 99**
>
> **51. 제사장이신 그리스도**
>
> 우리의 위대한 대제사장 예수님은 우리를 하나님과 화해시키는 사역을 완수하셨습니다. 예수님은 우리를 의롭게 하시려고 아버지께 완전한 의를 드리신 분입니다. 또한 우리를 위해 아버지 앞에 중보하시는 분이며(히 7:25; 9:24), 우리를 위해 여전히 신실하게 기도하시는 분입니다(눅 22:31~32; 요 17장).

말하는 것과 네 죄가 사해졌다고 말하는 것 중에 어떤 것이 더 쉽겠냐고 반문하며 도전하셨습니다. 죄를 용서하는 능력을 가지고 있다고 주장하는 편이 더 안전할 것입니다. 그런 주장을 한들 그 능력을 어떻게 입증할 수 있겠습니까? 중풍을 치료할 수 있다고 주장하는 편이 훨씬 더 어려운 이유는, 그 주장을 하자마자 그가 걷는 것을 보여 주어야 하기 때문입니다. 만약 예수님이 실제로 그의 몸을 고쳐 주셔서 그가 일어나 걸을 수 있게 하실 수만 있다면, 그것은 죄를 용서하는 능력이 있다는 예수님의 주장을 입증하는 셈이 될 것입니다. 예수님은 중풍병자에게 일어나 자기 침상을 가지고 집으로 가라고 말씀하셨습니다.

마가는 모든 사람이 놀라 하나님께 영광을 돌리면서 예수님이 병을 치료하신 것과 같은 것을 이전에는 본 적이 없음을 고백했다고 기록합니다(막 2:12). 그 기적을 목격한 사람들은 모두 소스라치게 놀랐습니다. 그들이 순회 교사로만 알았던 예수님이 스스로 하나님과 동등한 메시아이심을 입증하신 것입니다. 예수님은 죄를 사하실 권세와 영적 질병과 몸의 질병을 모두 치유할 능력을 가지고 계셨습니다.

Q 예수님은 당신에게 어떤 놀라운 일로 하나님께 영광을 돌릴 이유를 주셨습니까?

Q 이 이야기에서 예수님이 베푸신 기적과 말씀을 보고, 예수님에 관해 어떤 것을 믿게 됩니까?

모든 인간에게 가장 필요한 것은 죄를 사함받고, 영적으로 온전하게 회복해 하나님께 돌아가는 것입니다. 에베소서는 이렇게 말합니다.

"우리는 그리스도 안에서 그의 은혜의 풍성함을 따라 그의 피로 말미암아 속량 곧 죄 사함을 받았느니라"(엡 1:7).

죄 용서는 오로지 그리스도께서 흘리신 피로써만 가능합니다. 예수님은 죄인들이 받아야 할 진노에서 우리를 구원하시려는 하나님의 계획을 성취하신 분입니다. 이것이 복음의 핵심 내용입니다.

이 이야기를 통해 알게 되는 것은 예수님은 인간의 고난과 죄성에 대한 자신의 권위와 능력을 입증하기 위해 중풍병자를 고치셨다는 것입니다. 더 나아가 우리가 알아야 할 것은, 중풍병자의 죄를 사하신다는 예수님의 주장은 곧 자신이 하나님과 동등하다는 공식적 선언이라는 사실입니다. 이로써 예수님은 그 집에 모인 목격자들에게 자신의 신성을 계시하시고, 그들이 기다리던 메시아 예언들이 성취되었음을 선포하셨습니다. 오로지 예수님만이 그들의 영적 질병을 말끔히 고쳐 줄 자격이 있으십니다.

모든 진리가 마음속의 열정에 불을 지펴 믿지 않는 사람들을 예수님께 데리고 가는 동력이 되어야 합니다. 예수님만이 영적 죄로 말미암은 질병을 고치시고, 우리 죄를 용서해 주실 수 있는 분입니다.

> *"용서가 선포되고 그 사람의 전인이 근본적으로 치유를 받은 것은 하나님 나라가 가까이 왔다는 신호였습니다. 중풍병자는 장애인도 도래하는 구원의 기쁨을 누리게 되리라는 하나님 약속의 성취를 체험했습니다.*"[3]
>
> _윌리엄 L. 레인

Q 예수님의 기적은 다른 사람들의 영적 치유를 위해 복음을 나누는 일에 힘쓰도록 어떻게 격려합니까?

결론

세상은 아직도 예수님의 복된 소식을 한 번도 들어 본 적이 없는 사람들로 가득하며, 교회에 출석하는 사람들 중에도 그런 사람이 많습니다. 그들 가운데 많은 사람이 자신이 첫 조상 아담에게서 죄의 질병을 물려받았다는 사실을 알지 못합니다. 우리는 불쌍히 여기시는 그리스도를 본받아 길 잃은 사람들을 찾아내고, 예수 그리스도께서 우리 죄를 사하여 하나님과 우리를 화평케 하심으로써 그리스도 안에서 새 삶을 주려고 행하신 일에 관한 복된 소식을 그들과 함께 나누어야 합니다.

그리스도와의 연결

예수님은 중풍병자를 치유해 주심으로써 인간의 고통을 다스리고 죄를 용서하는 주님으로서의 권세를 입증하셨습니다. 예수님은 죄를 사하는 권세가 있음을 주장하심으로써 자신을 하나님과 동등한 위치에 두셨습니다. 하나님만이 병을 다스리시고, 죄를 씻어 주실 수 있습니다.

하나님의 계획
우리의 사명

하나님은 우리에게 육체적 질병을 고치시며 죄를 용서할 능력이 있으신 예수님께로 사람들을 인도할 것을 명하십니다.

1. 사람들이 예수 그리스도의 복음을 이해하고 믿을 수 있도록 도울 때, 무엇에 집중해야 할까요?

2. 어떻게 하면 교회/공동체가 선교의 사명을 다하며, 사람들의 신체적 필요를 간과하지 않으면서도 그리스도의 용서의 복음을 우선시할 수 있을까요?

3. 예수님이 아니면 그 어디에서 죄를 용서받을 수 있겠습니까? 어떻게 하면 잘못된 길로 들어선 사람들을 바른 길로 인도할 수 있을까요?

중풍병자의 죄를 사하시다

＊
금주의 성경 읽기
욥 1장;
시 82~83편;
렘 45~48장

거라사의 광인을 치유하시다

신학적 주제 〉 예수님은 악한 영을 제어할 힘과 권세를 가지셨습니다.

Session 11

저는 지금까지 여러 직업을 가져 왔습니다. 어떤 일은 좋았지만, 또 어떤 일은 그렇지 않았습니다. 모든 직업에는 공통점이 하나 있습니다. 바로 상관이 있다는 것입니다. 내 위에 상관이 있거나, 내가 다른 사람의 상관이 되기 마련입니다. 좋든 싫든 권위자가 있기 마련이지만, 그 권한은 제한적입니다. 모든 권한을 독차지하는 사람은 이 세상에 없습니다.

> "하나님 나라의 권세를 이해하고 적용함으로써 대적과 전쟁을 치러야 합니다. … '이 전쟁은 너희에게 속한 것이 아니요 하나님께 속한 것이니라'(대하 20:15)라고 말씀하셨기 때문입니다."[1]
>
> _아드리안 로저스

Q 일터에서 만난 상관들은 어떤 유형이었습니까? 예를 들어, 권위적이거나 민주적이거나 헌신적인 유형이 있을 수 있을 것입니다.

Date . .

 **각 유형의 상관들과 일할 때 당신은 그들을 어떻게 대했습니까?**

세상의 상관들과 달리 예수님은 모든 권세를 가지고 계십니다. 예수님은 인상적인 외모를 갖지 않으셨습니다(사 53:2). 권력을 가진 사람이라면 모름지기 누릴 것으로 예상되는 호화로움도 누리지 않으셨습니다. 그럼에도 불구하고 예수님은 하늘과 땅의 모든 권세를 가지고 계십니다(마 28:18).

이 세션에서는 예수 그리스도께 악한 영을 제어할 힘과 권세가 있음을 보게 될 것입니다. 예수님은 악한 영에 사로잡힘으로써 사회에서 격리되고 소외된 사람을 염려하셨습니다. 예수님은 그를 결박에서 풀어 주시고, 하나님의 선하심을 증언하도록 초청하셨습니다. 우리도 예수님의 힘과 능력으로 죄의 결박에서 놓인 사람들로서, 하나님의 선하심을 증언하도록 초청받았습니다.

1. 예수님은 소외된 광인에게 관심을 가지셨습니다(막 5:1~8)

[1]예수께서 바다 건너편 거라사인의 지방에 이르러 [2]배에서 나오시매 곧 더러운 귀신 들린 사람이 무덤 사이에서 나와 예수를 만나니라 [3]그 사람은 무덤 사이에 거처하는데 이제는 아무도 그를 쇠사슬로도 맬 수 없게 되었으니 [4]이는 여러 번 고랑과 쇠사슬에 매였어도 쇠사슬을 끊고 고랑을 깨뜨렸음이러라 그리하여 아무도 그를 제어할 힘이 없는지라 [5]밤낮 무덤 사이에서나 산에서나 늘 소리 지르며 돌로 자기의 몸을 해치고 있었더라 [6]그가 멀리서 예수를 보고 달려와 절하며 [7]큰소리로 부르짖어 이르되 지극히 높으신 하나님의 아들 예수여 나와 당신이 무슨 상관이 있나이까 원하건대 하나님 앞에 맹세하고 나를 괴롭히지 마옵소서 하니 [8]이는 예

*수께서 이미 그에게 이르시기를 더러운 귀신아 그 사람에게서 나오라 하
셨음이라*

사람들이 그를 무서워한 것은 당연합니다. 첫째, 그는 믿을 수 없을 만큼
힘이 셌기 때문입니다. 사람들은 그가 다른 사람들에게 해를 끼치지 않게 하려
고 애를 썼습니다. 쇠사슬로 그의 손과 발을 묶어 보기도 했지만, 아무 효과가
없었습니다. 족쇄도 그의 힘을 감당하지 못했습니다.

둘째, 그가 자해하는 행동을 했기 때문입니다. 그는 배척당했습니다. 사
람들과 어울리지 못했습니다. 사람들은 그를 제어할 수 없기에 마을 밖으로 추
방했습니다. 그는 사회에서 철저히 고립되었습니다.

어디든 귀신 들린 사람 같은 이들이 있기 마련입니다. 그들은 남녀를 불
문하고 하나님의 형상으로 창조되었지만 죄의 힘과 지배 아래서 고통받고 있
습니다. 그들은 절망적인 상태에서 오로지 복음만이 줄 수 있는 치료의 힘을
갈구합니다. 귀신 들린 사람은 죄가 야기하는 해로운 결과가 무엇인지를 구체
적으로 보여 주며, 우리에게 이런 질문을 던집니다. "복음을 경험한 자로서 우
리는 사회에서 방치된 사람들에게 어떻게 복음을 전해야 할까?"

Q 귀신 들린 사람과 같이 대하기 어려운 사람들을 향해 머뭇거리게 되는 이유는 무엇입
니까?

Q 예수님의 사역은 그런 경향에 어떤 도전을 줍니까?

귀신 들린 사람을 묶어서 무덤가에 던진 사람들과 달리 예수님은 물가
에서 그를 발견하시고, 그에게 다가가셨습니다. 예수님은 그 불쌍한 죄인을 외
면하지 않으셨습니다. 사실 예수님은 바로 그 같은 사람들을 위해 오셨습니다.

구원의 주님은 죄인들을 염려하십니다. 예수님은 죄가 사람에게 끼치는
영향을 보시고 마음속 깊이 불쌍히 여기셨습니다(마 9:36). 예수님이 죄의 굴레

에 갇힌 사람들을 불쌍히 여기셨다면, 오늘 날 그와 같은 상황에 놓인 사람들을 보고 우리는 어떻게 해야겠습니까? 그리스도의 영을 받은 우리는 가족과 친구들과 동료들을 괴롭히는 죄를 비통히 여겨야 하지 않겠습니까? 세상을 유린하는 죄에 대해 깊이 고뇌해야 하지 않겠습니까? 예수님의 마음을 아프시게 하는 죄가 우리에게는 아무렇지도 않게 느껴진다면, 그것은 큰 문제입니다. 죄에 대해 아파하는 마음이 없다면, 그것은 그리스도와 하나 되는 마음이 아니기 때문입니다.

> "사탄의 존재와 특성에 관한 불신은 하나님에 대한 불신으로 가는 첫걸음이 되기도 합니다."[2]
>
> _J. C. 라일_

 **Q** 죄의 결과를 보고 아파한 적이 있나요? 그때 어떻게 반응했습니까?

2. 예수님은 광인을 사로잡은 악한 영을 쫓아내셨습니다

(막 5:9~17)

[9]이에 물으시되 네 이름이 무엇이냐 이르되 내 이름은 군대니 우리가 많음이니이다 하고 [10]자기를 그 지방에서 내보내지 마시기를 간구하더니 [11]마침 거기 돼지의 큰 떼가 산 곁에서 먹고 있는지라 [12]이에 간구하여 이르되 우리를 돼지에게로 보내어 들어가게 하소서 하니 [13]허락하신대 더러운 귀신들이 나와서 돼지에게로 들어가매 거의 이천 마리 되는 떼가 바다를 향하여 비탈로 내리달아 바다에서 몰사하거늘 [14]치던 자들이 도망하여 읍내와 여러 마을에 말하니 사람들이 어떻게 되었는지를 보러 와서 [15]예수께 이르러 그 귀신 들렸던 자 곧 군대 귀신 지폈던 자가 옷을 입고 정신이 온전하여 앉은 것을 보고 두려워하더라 [16]이에 귀신 들렸던 자가 당한 것과 돼지의 일을 본 자들이 그들에게 알리매 [17]그들이 예수께 그 지방에서 떠나시기를 간구하더라

이 이야기에서 우리가 엿볼 수 있는 주요 진리 가운데 하나는 마귀를 포함한 모든 악한 영들은 그리스도의 권세 아래 있다는 것입니다. 어떤 악령도 최종 결정권을 가지지 못합니다. 마귀와 악한 영들은 더 위대하고 훨씬 더 강한 분에게 종속되어 있습니다. 10절과 13절에서 보이는 중요한 묘사에 주목하십시오. 귀신들은 예수님께 간청했고, 예수님은 그들이 돼지들에게 들어가는 것을 허락하셨습니다.

오늘날에는 신약에 나오는 귀신 들림과 같은 현상이 자주 일어나지는 않지만, 여전히 사탄은 전도 사역을 가로막기 위해 온 힘을 다해 귀신 들림을 포함한 방해 행위를 합니다. 악은 마음에서 일어나므로(막 7:20~23) 귀신 들린 행동을 너무 과대평가할 필요는 없습니다. 그러나 악한 귀신들이 어떤 상황에서 나쁜 영향을 끼칠 수 있음을 염두에 두어야 합니다.

> "예수님의 도우심은 귀신과 인간의 비정함과 현저하게 대조됩니다."[3]
>
> _윌리엄 헨드릭슨

성경은 귀신에 사로잡히는 것과 귀신에 눌리는 것의 차이를 상세히 묘사합니다. 귀신은 신자를 하나님께 순종할 수 없을 정도로 지배하지는 못합니다. 하지만 우리는 마귀를 힘써 물리쳐야 합니다. 왜냐하면 "대적 마귀가 우는 사자같이 두루 다니며 삼킬 자를" 찾고 있기 때문입니다(벧전 5:8. 참조, 약 4:7).

이따금 신자들은 귀신의 지배에 취약해질 수 있습니다(참조, 눅 13:16). 이 말은 하나님을 향한 우리 믿음이 영적으로 도전받는 시기가 있음을 의미합니다. 이런 시기에 주로 나타나는 특징은 하나님의 말씀으로 계시된 진리를 잘 믿지 못하게 된다는 것입니다. 이런 영적 전쟁에서 승리하는 비결은 하나님의 진리에 대적하는 원수들의 거짓을 드러내고, 믿음으로 진리를 믿고 행하는 것입니다.

 예수님을 따르는 영적 여정에서 악마의 책략에 맞서 싸울 때, 어떤 것들이 도움이 될까요?

마가복음 5장에서 그는 단순히 미친 사람이 아니라, 귀신 들린 사람이었습니다. 그는 사악한 영들, 영의 군단에 사로잡힌 사람이었습니다. 그러나 예수님은 말씀의 힘과 권위로 그를 고통과 자해 행위로 점철된 삶에서 구해 내셨습니다. 이를 통해 예수 그리스도의 능력이 삶을 변화시킨다는 힘 있는 진리를 배울 수 있습니다.

이 변화와 관련해 몇 가지 주목할 것이 있습니다.

첫째, 변화는 급진적이었습니다. 본문은 그 사람이 옷을 입고 온전한 정신으로 앉아 있었다고 기록합니다(막 5:15). 예수님을 만나자 그의 삶이 완전히 달라졌습니다. 한때 그의 삶을 특징지었던 귀신 들림이나 적대감이나 분노 같은 것들이 사라졌습니다.

어떤 사람이 그리스도에게서 멀어진 자신의 부족함을 깨닫고 회개해 그리스도를 믿으면, 그는 그리스도 안에서 이전과는 판이하게 달라진 새로운 삶을 살게 됩니다. 그렇다고 해서 과거의 애씀이나 과거 죄들의 결과가 모두 없어진다는 뜻은 아닙니다. 다만, 새로운 마음이 일어나 그가 생각하고 행동하는 방식이 바뀐다는 뜻입니다.

둘째, 이 변화는 다른 사람들도 알아볼 수 있었습니다. 우리 삶을 그리스도께 드리면, 우리 안에서 변화가 일어납니다. 그런데 이 내면의 변화는 겉으로도 드러납니다. 그리스도께서 우리 삶 속에서 이루신 변화가 겉으로 흘러넘치기 시작합니다. 그렇게 되면 사람들도 변화를 알아차립니다. 예수님과 동행하며 삶의 방식을 바꾸어 가는 모습을 보고 주변 성도들이 기뻐합니다!

핵심교리 99   **33. 귀신**

귀신은 천사였으나 하나님께 죄를 지음으로써 오늘날 세상에서 악한 일을 계속하는 존재입니다(욥 1:6; 슥 3:1; 눅 10:18). 성경은 귀신들의 우두머리인 사탄이 "도적질하고 죽이고 멸망시키고자" 한다고 말하는데, 귀신도 하나님을 대적하고 하나님의 일을 파괴하고자 합니다. 귀신에게도 능력이 있지만 그 능력은 하나님의 통제하에 있으므로 하나님이 허용하신 범위 안에서만 작용합니다. 종국적으로는 모든 귀신이 본래 그들을 위해 지어진 불 못에 던져질 것입니다.

예수님을 믿는 사람들의 삶에서 급진적인 변화가 일어나는 것을 본 적이 있습니까?	예수님을 믿고 따르게 된 후에 삶에 특별한 변화가 있었습니까?

3. 예수님은 그에게 하나님의 선하심을 증거하게 하셨습니다

(막 5:18~20)

18예수께서 배에 오르실 때에 귀신 들렸던 사람이 함께 있기를 간구하였으나 19허락하지 아니하시고 그에게 이르시되 집으로 돌아가 주께서 네게 어떻게 큰일을 행하사 너를 불쌍히 여기신 것을 네 가족에게 알리라 하시니 20그가 가서 예수께서 자기에게 어떻게 큰일 행하셨는지를 데가볼리에 전파하니 모든 사람이 놀랍게 여기더라

그리스도를 따르는 이들에게는 권세가 있는데, 그것은 하나님이 그들에게 하신 일을 알지 못하는 사람들에게 전할 수 있는 권세입니다. 예수님은 그에게 집으로 돌아가서 자신에게 어떤 일이 일어났는지를 그 동족에게 전하라고 말씀하셨습니다. 그에게 개인적 증언을 할 권세가 부여된 것입니다. 하나님은 신학교에서 훈련받은 설교자들을 통해서도 하나님의 말씀을 선포하시지만, 선교 명령은 신학 훈련을 받은 설교자들에게만 국한된 것이 아닙니다. 선교 명령은 모든 그리스도인이 예수님의 복음을 들고 다른 민족과 장소로 가야 한다는 것입니다.

세상에는 전문 목회자들과 사역자들이 들어갈 수 없는 나라들이 많습니다. 따라서 교사나 의사나 사업가나 건축 기술자 같은 사람들이 하나님을 전할 수 있도록 북돋워 주는 것이 중요합니다. 예수님의 모든 제자가 하나님이 행하신 일을 전하는 사명에 충실하다면, 하나님의 선교는 미전도 지역까지 힘 있게 뻗어 나갈 것입니다(롬 15:20~21).

예수님을 따르는 우리에게는 사명이 있습니다. 이 사명은 지역적인 동시에 세계적입니다. 예수님은 그가 예수님이 자신에게 하신 일을 가족들뿐 아니라 온 데가볼리에 전하기를 원하셨습니다. 데가볼리는 그리스의 영향으로 여러 도시가 하나의 큰 복합체를 이룬 곳이었습니다. 그리하여 그는 예수님의 말씀을 따라 데가볼리 지역의 도시들을 다니며 예수님이 자기 삶에서 하신 일, 즉 귀신에 사로잡혔던 그를 불쌍히 여기시고 자비를 베풀어 자유롭게 해 주셨다는 사실을 사람들에게 전했습니다.

하나님이 하나님 나라가 땅끝까지 확장되는 것을 볼 수 있는 하나님의 선교에 우리를 초대해 주셨다는 사실이 놀랍지 않습니까? 하나님은 우리가 필요하지 않으신데도, 우리를 초대해 세계를 향한 하나님의 선교에 동참하게 하십니다. 하나님은 우리가 하나님의 몸 된 지체들의 직업과 기술과 열정을 발판 삼아 그리스도의 복음으로 세계와 문화를 공략하길 원하십니다.

Q 하나님은 세계 선교에서 예수님을 따르는 이들을 어떻게 사용하실까요?

Q 당신은 자신이 속한 공동체와 도시와 민족 가운데 복음을 어떻게 전하고 있습니까?

결론

하나님이 죄에서 우리를 구원하신 까닭은 결국 선교 사역으로 이끄시기 위함입니다. 예수님은 우리를 부르셔서 죄로 둘러싸인 곳을 떠나 하나님을 전혀 알지 못하는 사람들 사이에서 하나님을 예배하라고 하십니다. 우리는 구원을 통해 용서받으면 자유롭게 된다는 사실을 압니다. 자유가 예수님의 제자들을 땅끝까지 가게 해 만백성이 그분을 알고 경외하도록 할 것입니다. 우리가 두려움 없이 선교를 계속해 나갈 수 있는 이유는 악한 영들을 포함해 만물에 대한 주권적 능력과 권세가 하나님께 있기 때문입니다. 하나님은 우리가 세상을 향해 나아갈 수 있도록 격려하십니다.

> "예수님이 그에게 '주님이 네게 어떻게 큰일을 행하셨는지 말하라' 하고 명령하셨습니다. 그러자 그가 나가서 예수님이 그를 위해 얼마나 큰일을 행하셨는지 전했습니다. 이 사람에게 주님과 예수님은 한 분이시요 똑같은 분이십니다."[4]
>
> _제임스 R. 에드워즈

그리스도와의 연결

이 이야기에서 우리는 예수님이 인간성을 말살하는 악의 세력에 맞서실 뿐만 아니라 악한 영에 사로잡힌 사람들을 불쌍히 여기시는 모습을 볼 수 있습니다. 한마디로 예수님은 귀신 들린 자를 구원해 주셨습니다. 이 이야기는 복음서에서 예수님이 십자가에 달려 돌아가시는 끝부분을 예견하는데, 예수님은 악과 싸우다가 잠시 패배한 듯이 보이실 테지만, 당당하게 다시 일어나 죄와 사탄과 죽음을 영원히 물리치실 것입니다.

**하나님의
계획**
우리의 사명

하나님은 우리에게 귀신 들렸던 사람이 그랬듯이 주님이 우리를 위해 얼마나 많은 일을 하셨으며, 어떻게 자비를 베풀어 주셨는지를 주변에 전하라고 말씀하십니다.

1. 우리 사회에서 소외된 사람들은 누구입니까? 교회/공동체는 어떻게 그들에게 긍휼을 베풀고 복음을 전할 수 있을까요?

2. 악한 영을 다스리시는 예수님의 절대 권세는 선교에 관한 관점에 어떤 영향을 미칩니까?

3. 주님이 나를 위해 행하신 일과 보여 주신 자비를 사람들에게 어떻게 전하겠습니까?

거라사의 광인을 치유하시다

혈루증 여인을 치유하시고, 야이로의 딸을 살리시다

신학적 주제 예수님의 권세는 부정함의 수치심과 죽음의 저주를 물리칩니다.

Session 12

우리는 창세기부터 요한계시록까지 하나님의 말씀을 통해 전능하신 하나님이 세상을 창조하시고, 홍해를 가르시고, 하늘에서 만나를 내리시고, 죽은 사람을 살리시고, 예수님이 되어 물 위를 걸으신 것을 압니다. 하나님은 전능하신 분입니다.

슬프게도 하나님의 기적들에 너무 익숙해져서 복음서에서 예수님을 보고도 "우와!" 하고 감탄할 줄 모르는 이들이 많습니다. 예수님이 기적을 일으키셨다는 이야기를 읽고도 감동할 줄 모르고 무덤덤합니다. 하나님의 기적 이야기에 너무 익숙해진 탓입니다.

우리에게 필요한 것은 하나님의 능력에 압도당하는 감각을 되찾는 일입니다. 하나님이 어떤 분이신지 그 실체와 마주칠 때, 우리는 놀라움과 경외심을 느낄 수 있습니다. 하나님께는 어떤 것도 과분하지 않다는 것을 다시금 이해할 수 있어야 합니다.

Q 하나님과 하나님의 능력을 더 이상 경외하지 않으면, 하나님과의 관계가 어떻게 될까요?

Q 놀라움과 경외심이 하나님과의 관계에서 중요한 이유는 무엇입니까?

이 세션에서 우리는 예수님이 행하신 기적들에 관한 공부를 계속할 것입니다. 혈루증을 앓는 여인을 치유하시고, 야이로의 딸을 살리신 예수님의 모습에서 우리는 질병과 수치심과 심지어 죽음까지도 이기시는 하나님의 능력을 봅니다. 그리스도인으로서 우리는 치유하시고 구원하시는 하나님의 능력을 믿고, 질병과 수치심으로 고통당하는 사람들을 보살펴야 합니다.

1. 질병을 치유하시는 예수님의 능력을 신뢰하십시오(막 5:21~29)

[21]예수께서 배를 타시고 다시 맞은편으로 건너가시니 큰 무리가 그에게로 모이거늘 이에 바닷가에 계시더니 [22]회당장 중의 하나인 야이로라 하는 이가 와서 예수를 보고 발아래 엎드리어 [23]간곡히 구하여 이르되 내 어린 딸이 죽게 되었사오니 오셔서 그 위에 손을 얹으사 그로 구원을 받아 살게 하소서 하거늘 [24]이에 그와 함께 가실새 큰 무리가 따라가며 에워싸 밀더라 [25]열두 해를 혈루증으로 앓아 온 한 여자가 있어 [26]많은 의사에게 많은 괴로움을 받았고 가진 것도 다 허비하였으되 아무 효험이 없고 도리어 더 중하여졌던 차에 [27]예수의 소문을 듣고 무리 가운데 끼

127

어 뒤로 와서 그의 옷에 손을 대니 [28]이는 내가 그의 옷에만 손을 대어도 구원을 받으리라 생각함일러라 [29]이에 그의 혈루 근원이 곧 마르매 병이 나은 줄을 몸에 깨달으니라

곤경에 처한 첫 번째 인물부터 살펴보면, 그는 딸을 치유해 달라고 예수님께 절박하게 매달린 사람입니다. 절박한 기분이 어떤 것인지 알고 싶다면, 의사 선생님에게서 충격적인 진단을 받는 상상을 해 보십시오. "암에 걸리셨습니다." "어머님이 사실 날이 얼마 남지 않았습니다." "죄송합니다. 이제 우리가 따님에게 해 줄 수 있는 것이라고는 편안하게 해 드리는 것밖에 없습니다." 어떤 경우든 그런 소식을 듣자마자 세상이 무너질 것 같은 절망감에 빠질 것입니다.

야이로가 절박했던 이유는 하나님이 도와주시지 않으면 딸을 잃게 되리라는 것을 알았기 때문입니다. 예수님께 손을 댄 여자도 절박하기는 마찬가지였습니다. 12년 동안 그녀를 괴롭힌 질병 때문에 여러모로 고생했습니다. 육체의 질병으로 고생했고, 많은 의사를 찾아다니느라 경제적으로도 고생했고, 수치스러운 질병 탓에 사회적으로도 고생했습니다. 야이로처럼 그녀도 예수님이 아니면 아무런 소망이 없음을 알았습니다.

Q 이야기 속의 등장인물이 매우 절박한 상황에 있음을 나타내 주는 표현을 찾아 열거해 보십시오

Q 절박함을 나타내는 행동들에는 어떤 것이 있습니까?

야이로와 혈루증을 앓는 여인에게서 절박한 믿음의 네 가지 특징을 발견할 수 있습니다.

첫째, 그들의 믿음은 오로지 예수님께만 소망을 두었습니다. 이것이야말로 절박함이 밀려올 때, 우리가 인식해야 하는 첫 번째 진리입니다. 예수님께 눈을 고정하는 것입니다. 두 사람 중 어느 누구도 자신에게 소망이 있다고 여기

지 않았습니다. 그들은 자신감이 충만한 사람들에게 신유의 기적이 일어난다는 가르침을 받아들이지 않았습니다. 야이로와 여인은 자신들을 믿지 않았고, 구세주를 믿었습니다. 모두 자기 믿음을 바른 곳에 둔 것입니다.

둘째, 그들의 믿음은 절박했고 비타협적이었습니다. 여인의 이야기를 통해 우리가 알 수 있는 것은 그녀가 가능한 모든 선택 사항을 탁상 위에 놓고, 이 의사를 택할까 아니면 저 방법이 나을까 하다가 그냥 예수님으로 정하자는 식으로 안일하게 선택한 것이 아니라는 것입니다. 그녀는 예수님을 여러 선택 사항 중에 하나로 여기지 않았습니다. 그녀는 마지막 밧줄을 붙잡는 심정으로 예수님에게서 유일한 소망을 봤습니다. 이와 마찬가지로 야이로도 예수님의 발아래 무릎을 꿇고, 죽음을 눈앞에 둔 딸아이 위에 치유의 손길을 내려주시길 간구했습니다.

> "기독교의 믿음은 어떤 견해나 논지가 아니요, 마음으로만 믿는 것도 아닙니다. 오히려 믿음은 하늘과 땅의 주님 앞에서 살고, 주님과 함께 사는 가장 생생한 만남입니다."[1]
>
> _캐서린 손데레거

셋째, 그들의 믿음은 집요했습니다. 두 사람 모두 결연한 의지를 보여 주었습니다. 여인은 '예수님의 옷자락이라도 만질 수만 있다면!' 하고 생각했습니다. 그녀는 예수님이라면 자기 병을 고쳐 주실 능력이 있으시며, 어떤 의사도 하지 못한 일을 해 주실 것이라고 생각했습니다. 두 사람 모두 예수님에 대한 집념이 대단했습니다. 미식축구의 러닝백이 터치다운을 하기 위해 미친 듯이 달리듯, 이 여인도 누가 무슨 말을 하든지 상관하지 않고 사람들을 밀치며 예수님께로 전력 질주했습니다.

넷째, 그들의 믿음은 기대감에 차 있었습니다. 야이로는 예수님이 그의 딸을 치료하실 것이라고 기대했습니다. 여인은 자기 몸이 회복되리라고 믿었습니다. "나을지도 몰라"가 아니라 "분명히 나을 거야!"라고 말했습니다.

Q 절박한 믿음의 네 가지 특징 가운데 실천하기 가장 힘든 것은 무엇이며, 그 이유는 무엇입니까?

2. 수치심을 없애 주시는 예수님의 능력을 신뢰하십시오

(막 5:30~34)

30예수께서 그 능력이 자기에게서 나간 줄을 곧 스스로 아시고 무리 가운데서 돌이켜 말씀하시되 누가 내 옷에 손을 대었느냐 하시니 31제자들이 여짜오되 무리가 에워싸 미는 것을 보시며 누가 내게 손을 대었느냐 물으시나이까 하되 32예수께서 이 일 행한 여자를 보려고 둘러보시니 33여자가 자기에게 이루어진 일을 알고 두려워하여 떨며 와서 그 앞에 엎드려 모든 사실을 여쭈니 34예수께서 이르시되 딸아 네 믿음이 너를 구원하였으니 평안히 가라 네 병에서 놓여 건강할지어다

혈루증을 앓아 온 여인의 이야기는 그리스도 없이는 누구도 곤경에 처한다는 사실을 일깨워 줍니다. 우리는 그녀처럼 율법적으로나 의례적으로 부정하지는 않지만, 그렇다고 마음이 정결한 것은 아닙니다. 아담과 하와가 에덴동산에서 죄를 지은 결과로 세상은 사망과 질병을 앓게 되었습니다. 죄의 결과로 나타난 현상들에서 자유로운 인생은 없습니다.

 이 여인의 육체적 고난은 생각과 행위가 부정한 죄인들의 영적 고난과 어떤 면에서 닮았습니까?

질병 때문에 여인은 조롱과 수치심 속에 살았습니다. 그런 처지는 시민으로서의 권리에도 영향을 끼쳤습니다. 상상해 보십시오. 여자는 질병 때문에 부정하다는 취급을 받다가, 마침내 누구보다도 흠 없이 순전하고 정결하신 메시아를 발견하고 그분에게 다가가고자 했습니다. 율법적으로 그녀는 부정했으므로 예수님께 다가갈 수 없는 처지였습니다. 그러나 그녀는 예수님이 치료하신다는 이야기를 들었고, 예수님을 통해 치료되기를 소망했습니다.

이 이야기의 여인처럼 우리도 죄 때문에 하나님과 멀어지고 부정하게 되

었습니다. 죄 때문에 하나님께 다가가기를 꺼립니다. 그러나 그리스도인이라면 그러지 말아야 합니다. 우리는 예수님 덕분에 하나님 앞에 자신 있게 설 수 있습니다. 더 이상 수치심에 휘둘릴 필요가 없습니다. 수치심은 우리를 어둠 속으로 몰아가 빛을 볼 수 없게 합니다.

Q 복음은 수치심에 관한 관점을 어떻게 바꾸어 줍니까?

Q 그리스도의 사역은 우리의 수치심을 어떻게 씻어 줍니까?

> **핵심교리 99**
>
> **41. 죄책과 수치**
>
> '죄책'이란 잘못된 행위에 대해 객관적 책임이 있음을 말하는 범책을 말하며, 또한 그렇게 범책을 짊어지는 자가 벌을 받아야 할 책임이 있음을 말하는 벌책을 포함합니다. 이러한 자에게 하나님은 죄에 따른 징계 또는 형벌을 내리십니다(마 5:21~22; 약 2:10). '수치'란 죄를 지음으로써 느끼게 되는 고통의 감정입니다. 성경은 객관적인 의미에서 인간에게는 죄책이 있으며, 주관적인 의미에서 수치심을 느낀다고 가르칩니다.

3. 죽음의 저주를 물리치시는 예수님의 능력을 신뢰하십시오

(막 5:35~43)

35아직 예수께서 말씀하실 때에 회당장의 집에서 사람들이 와서 회당장에게 이르되 당신의 딸이 죽었나이다 어찌하여 선생을 더 괴롭게 하나이까 36예수께서 그 하는 말을 곁에서 들으시고 회당장에게 이르시되 두려워하지 말고 믿기만 하라 하시

고 ³⁷베드로와 야고보와 야고보의 형제 요한 외에 아무도 따라옴을 허락하지 아니하시고 ³⁸회당장의 집에 함께 가사 떠드는 것과 사람들이 울며 심히 통곡함을 보시고 ³⁹들어가서 그들에게 이르시되 너희가 어찌하여 떠들며 우느냐 이 아이가 죽은 것이 아니라 잔다 하시니 ⁴⁰그들이 비웃더라 예수께서 그들을 다 내보내신 후에 아이의 부모와 또 자기와 함께한 자들을 데리시고 아이 있는 곳에 들어가사 ⁴¹그 아이의 손을 잡고 이르시되 달리다굼 하시니 번역하면 곧 내가 네게 말하노니 소녀야 일어나라 하심이라 ⁴²소녀가 곧 일어나서 걸으니 나이가 열두 살이라 사람들이 곧 크게 놀라고 놀라거늘 ⁴³예수께서 이 일을 아무도 알지 못하게 하라고 그들을 많이 경계하시고 이에 소녀에게 먹을 것을 주라 하시니라

어처구니없는 일을 당하고 나서 하나님의 손길을 기다려 본 적이 있습니까? 어쩌면 야이로처럼 듣고 싶지 않은 절망적인 소식을 들었거나, 사랑하는 사람을 잃었을지도 모릅니다. 우리가 믿는 그분이 죽음을 물리치셨으므로, 우리는 어떤 상황에서도 죽음의 저주를 두려워할 필요가 없습니다. 우리는 예수님의 어떤 점을 왜 신뢰해야 할까요?

첫째, 예수님의 능력을 신뢰해야 합니다. 죽음은 그리스도의 능력에 대적할 수 없습니다. 죽음은 결정권이 없습니다. 임종을 앞둔 사람을 위해 우리가 할 수 있는 일은 주님께 그리스도의 능력을 구하는 것밖에 없으므로 우리는 하나님의 주권적 능력이 치유해 주실 것을 믿어야 합니다.

둘째, 예수님의 임재를 신뢰해야 합니다. 야이로와 모든 걸음을 함께하시면서 예수님은 우리가 어떤 상황을 맞이하건 결코 버려두지 않으신다는 약속을 구체적으로 보여 주십니다(수 1:5). 오늘 내가 어떤 상황에 처해 있건, 나와 함께하신다는 예수님의 약속을 믿음으로 굳게 붙잡아야 합니다.

셋째, 예수님의 긍휼을 신뢰해야 합니다. 그리스도보다 더 큰 긍휼을 보일 수 있는 사람은 없으며, 그리스도의 삶은 긍휼히 여기시는 마음으로 가득했습니다. 예수

> *"나는 나사렛 예수의 현존 앞에 감격해 선 채로 이 저주받은 부정한 죄인인 나를 어떻게 사랑하실 수 있는지 의아해합니다."*[2]
>
> _찰스 가브리엘

님은 모든 일에서 우리의 연약함을 불쌍히 여기십니다(히 4:15). 예수님은 야이로가 어떤 심정일지 정확히 아셨습니다.

Q 하나님을 기다리는 일이 어렵게 느껴지는 이유는 무엇입니까?

Q 이 이야기는 우리 삶에 개입하시는 하나님의 때에 관한 우리의 마음을 어떻게 드러냅니까?

넷째, 예수님의 약속을 신뢰해야 합니다. 예수님은 야이로에게 이렇게 말씀하셨습니다. "두려워하지 말고 믿기만 하라"(막 5:36). 예수님은 자신의 비범한 능력이 야이로 가정에서 곧 이루어질 것을 아셨으나, 지금 당장 믿으라고 말씀하고 계십니다. 결과를 알 수 없어도 말입니다. 예수님은 그날 죽음의 저주가 그 가정에 머물지 않을 것을 아셨습니다.

하나님은 우리가 올라가야 할 계단을 끝까지 보여 주시지는 않지만, 필요할 때마다 다음 계단을 보여 주시는 신실한 분이십니다. 그리스도인에게 죽음은 예수님과 함께 영원으로 들어가는 통로이기 때문에 죽음의 저주에 겁먹을 필요가 없습니다. 오히려 사명에 집중하게 하는 것으로 봐야 합니다. 이 세상이 사라진다는 현실이 여러분과 저를 분발하게 하여 지역과 세계에서 그리스도의 선교에 동참하게 하기를 기도합니다.

Q 그리스도인은 왜 일시적 고통과 영원한 고통을 모두 덜어 주는 데 주력해야 할까요?

Q 한 가지 고통에만 주목하고, 다른 고통을 외면하는 것이 위험한 이유는 무엇입니까?

혈루증 여인을 치유하시고, 야이로의 딸을 살리시다

결론

우리의 전능하신 하나님은 우리가 보고, 맛보고, 만지고, 냄새 맡을 수 있는 모든 것을 창조하셨습니다. 하나님은 그 아들 예수님과 예수님이 지상에서 행하신 많은 기적을 통해 자신의 능력을 입증하셨습니다. 이 기적들을 통해 우리는 하나님의 능력이 육체적 영역을 넘어서는 것임을 알게 됩니다. 예수님의 말씀으로 12년 동안 고생했던 여인의 질병이 완전히 치유되었습니다 (막 5:34).

우리는 하나님의 능력은 육체적 질병뿐 아니라 영적 질병도 치료하신다는 것을 알아야 합니다. 혈루증을 앓던 여인의 경우 그녀의 부정함이 예수님의 정결하심으로 덮어졌습니다. 야이로의 가정에서 예수님은 죽음의 저주를 생명으로 바꾸셨습니다. 예수님은 우리를 위해서도 이와 같은 일을 하십니다. 우리의 수치심을 씻어 주시고, 죄책감을 거두어 가시며, 우리를 자유케 하심으로써 길을 잃고 죽어 가는 세상을 향해 그리스도의 부요함을 선포하게 하십니다. 그러므로 우리는 삶의 모든 영역에서 전능하신 하나님의 능력을 신뢰해야 합니다.

그리스도와의 연결

예수님 주변에 있던 많은 사람을 밀치며 나아갔던 여인은 율법적으로 부정한 자로, 그녀와 접촉한 모든 사람이 부정하게 되었습니다. 그런데 그녀가 예수님께 손을 대자, 그녀의 병이 곧 나았습니다. 예수님의 정결함이 그녀의 부정함보다 더 강력했던 것입니다. 이 이야기에서 우리는 그리스도께서 십자가에서 우리를 위해 이루신 일을 떠올리게 됩니다. 예수님의 죽음과 부활을 믿으면 우리의 수치가 씻기고, 우리의 죄책이 면제됩니다. 하나님이 우리를 자기 아들처럼 순수하고 거룩하게 만들기 시작하십니다.

**하나님의
계획**
우리의 사명

하나님은 우리에게 구세주이신 예수님이 우리의 수치를 거두어 가시고, 우리를 하나님 앞에 순결하고 거룩하게 만들어 주신다는 사실을 세상에 선포하라고 말씀하십니다.

1. 어떻게 하면 예수님을 구세주로 선포하면서 육체적으로 영적으로 아픈 사람들을 돌볼 수 있을까요?

   ____

   ____

   ____

2. 어떻게 하면 수치에 시달리는 사람들을 예수님의 복음으로 보살펴 줄 수 있을까요?

   ____

   ____

   ____

3. 죽음에 직면한 사람이나 그런 사람을 사랑하는 이들을 위해 예수님의 이름으로 우리가 할 수 있는 일은 무엇일까요?

   ____

   ____

   ____

헬 목숨 요인을 치유하시고, 아이노의 딸을 살리시다

*

금주의 성경 읽기
애 1~5장

죽은 나사로를 살리시다

신학적 주제 하나님의 아들이 죽음의 현실을 애통해하시며 그 권세를 거꾸러뜨리십니다.

Session 13

인간의 관점에서 보면 죽음은 곧 '끝'입니다. 그러나 예수님을 따르는 우리는 그렇지 않다는 것을 압니다. 하나님의 말씀으로 우리는 예수님이 죽음을 포함한 모든 것을 제압하는 힘을 가지고 계시다는 것을 압니다. 예수님은 나사로를 살리시는 기적을 통해 죽음을 제압하는 능력을 여실히 증명하셨고, 가장 위대한 기적인 예수님 자신의 부활을 예견하셨습니다.

> "예수님은 자신이 바로 그분이기에 기적을 행할 수밖에 없으셨습니다."[1]
>
> _허버트 로키어

예수님의 기적들은 언제나 그분이 사람들에게 알리고자 하시는 진리, 즉 예수님이야말로 하나님 나라가 이 땅에 임하게 할 전능하신 분이라는 진리를 가리킵니다. 예수님의 기적을 통해 우리는 일상 가운데 찾아오시는 비범한 능력의 하나님을 체험합니다.

Q 신약의 기적들 가운데 가장 좋아하는 기적은 무엇이고, 그 이유는 무엇입니까?

Date . .

예수님은 친구 나사로를 죽은 자들 가운데서 일으키심으로써 죽음을 제압하는 능력을 입증하셨습니다. 이 기적 이야기는 하나님의 선하심과 주권, 죽음의 저주와 부활의 능력, 그리고 고통당하는 사람들을 향한 그리스도의 긍휼을 드러냅니다. 우리는 죽음을 정복하는 예수님의 능력을 신뢰하며, 어떠한 상황에서도 그분을 영화롭게 해야 합니다.

1. 예수님은 때때로 더디 오시기도 하는 친구이십니다(요 11:1~7)

¹어떤 병자가 있으니 이는 마리아와 그 자매 마르다의 마을 베다니에 사는 나사로라 ²이 마리아는 향유를 주께 붓고 머리털로 주의 발을 닦던 자요 병든 나사로는 그의 오라버니더라 ³이에 그 누이들이 예수께 사람을 보내어 이르되 주여 보시옵소서 사랑하시는 자가 병들었나이다 하니 ⁴예수께서 들으시고 이르시되 이 병은 죽을 병이 아니라 하나님의 영광을 위함이요 하나님의 아들이 이로 말미암아 영광을 받게 하려 함이라 하시더라 ⁵예수께서 본래 마르다와 그 동생과 나사로를 사랑하시더니 ⁶나사로가 병들었다 함을 들으시고 그 계시던 곳에 이틀을 더 유하시고 ⁷그 후에 제자들에게 이르시되 유대로 다시 가자 하시니

나사로는 병들어 죽어 가고 있었습니다. 이 순간 나사로의 가족이 가장 원하는 것은 무엇이었을까요? 그들은 나사로가 살아나기를 원했습니다. 게다가 그들은 그를 살릴 수 있는 분이 누구이신지를 알고 있었습니다. 오로지 예수님만이 나사로를 살리실 수 있습니다.

나사로의 가족들은 예수님이 나사로가 아픈 것을 아시면 곧바로 달려와 치료해 주시리라고 기대했습니다. 그러나 예수님은 다른 계획이 있으셨습니다. 예수님은 "이 병은 죽을병이 아니라"(4절)라고 말씀하시고는, 심지어 나사로가

아프다는 소식을 들은 뒤에도 "그 계시던 곳에 이틀을 더"(6절) 머무셨습니다.

Q 마리아나 마르다나 나사로의 입장이 되어 상상해 보십시오. 예수님이 더디 오실 때, 어떤 마음이 들었을까요?

Q 그들은 친구인 예수님의 우정에 관해 어떻게 생각했을까요?

예수님은 어떤 일이 벌어질지 알고 계셨으나, 친구들이 하나님을 더 신뢰할 수 있기를 바라셨습니다. 신뢰는 하나님이 우리의 상황을 아시고, 우리를 염려하신다는 믿음에서 시작됩니다. 이 기적을 통해 예수님은 우리가 어떤 상황에서도 하나님을 신뢰하기를 원하신다는 것을 알려 주십니다.

신뢰란 어떤 사물이나 사람의 성격, 능력, 세력, 진실에 관해 확실하게 의존하는 것입니다. 즉 어떤 사물이나 사람을 믿거나 확신하는 것이라고 정의할 수 있습니다. 마르다와 마리아에게도 신뢰가 필요했습니다.

Q '신뢰'란 무엇입니까?

Q 이런 경우에 하나님을 신뢰하기가 어려운 이유는 무엇입니까?

2. 예수님은 우리의 생명이신 친구이십니다(요 11:17~27)

¹⁷예수께서 와서 보시니 나사로가 무덤에 있은 지 이미 나흘이라 ¹⁸베다니는 예루살렘에서 가깝기가 한 오 리쯤 되매 ¹⁹많은 유대인이 마르다와 마리아에게 그 오라비의 일로 위문하러 왔더니 ²⁰마르다는 예수께서 오신다는 말을 듣고 곧 나가 맞이하되 마리아는 집에 앉았더라 ²¹마르다가 예수께 여짜오되 주께서 여기 계셨더라면 내 오라버니가 죽지 아니하였겠나이다 ²²그러나 나는 이제라도 주께서 무엇이든지 하나님께 구하시는 것을 하나님이 주실 줄을 아나이다 ²³예수께서 이르시되 네 오라비가 다시 살아나리라 ²⁴마르다가 이르되 마지막 날 부활 때에는 다시 살아날 줄을 내가 아나이다 ²⁵예수께서 이르시되 나는 부활이요 생명이니 나를 믿는 자는 죽어도 살겠고 ²⁶무릇 살아서 나를 믿는 자는 영원히 죽지 아니하리니 이것을 네가 믿느냐 ²⁷이르되 주여 그러하외다 주는 그리스도시요 세상에 오시는 하나님의 아들이신 줄 내가 믿나이다

예수님이 현장에 도착하셨을 때는 나사로가 죽은 지 나흘이나 지난 뒤였습니다. 마르다와 마리아는 예수님을 뵙고, 누구나 했을 법한 반응을 보였습니다. "주께서 여기 계셨더라면 내 오라버니가 죽지 아니하였겠나이다"(21절). 나사로의 두 자매는 예수님이 원하시는 것은 무엇이든 하실 수 있는 분임을 알고 있었습니다. 생명을 주실 수 있을 뿐만 아니라 되살리실 수도 있다고 말입니다.

하나님을 신뢰한다면, 하나님이 자녀에게 무엇이 최선인지 알고 계심을 믿어야 합니다. 하나님은 모든 것을 아십니다. 감사하게도 하나님의 지식은 우리의 생각이나 행동에 구애받지 않습니다. 하나님은 우리의 의도도, 우리가 왜 그렇게 행동하는지도 다 아시며, 우리를 항상 보살피십니다.

예수님이 마르다에게 하신 말씀은 오늘날 우리에게도 진리입니다. 예수님은 여

> *"그분은 그녀를 더 높은 진리의 앎으로 인도하셨습니다. 그녀는 나사로의 부활만을 구했으나, 예수님은 그녀뿐 아니라 그녀와 함께 있는 사람들 모두가 누릴 수 있는 부활을 말씀하셨습니다."*[2]
>
> _요한 크리소스톰

전히 부활이요 생명이십니다. 예수님이 우리 죄를 대속하시기 위해 십자가에서 성취하신 일을 믿을 때, 우리는 영원한 생명을 부여받게 됩니다. 비록 지금 여기에서 주님의 응답을 오래오래 기다리고 있는 것처럼 보일지라도, 사실 영원한 생명은 이미 우리에게 주어졌습니다. 주님의 부활하신 생명은 우리의 것이기도 합니다. 우리는 "예수님이 생명을 주신다"라고 말하곤 하지만, 본문은 "예수님은 생명이시다"라고 고백할 수도 있어야 한다고 알려 줍니다.

Q '예수님은 생명을 주시는 분이다'라고 하는 것과 '예수님이 곧 생명이시다'라고 하는 것에는 어떤 차이가 있습니까?

Q 마르다의 신앙고백은 "주는 그리스도시요 살아 계신 하나님의 아들이시니이다"(마 16:16)라고 고백한 베드로의 신앙고백과 어떤 차이가 있습니까?

3. 예수님은 죽음의 저주를 비통해하시는 친구이십니다

(요 11:28~37)

28이 말을 하고 돌아가서 가만히 그 자매 마리아를 불러 말하되 선생님이 오셔서 너를 부르신다 하니 29마리아가 이 말을 듣고 급히 일어나 예수께 나아가매 30예수는 아직 마을로 들어오지 아니하시고 마르다가 맞이했던 곳에 그대로 계시더라 31마리아와 함께 집에 있어 위로하던 유대인들은 그가 급히 일어나 나가는 것을 보고 곡하러 무덤에 가는 줄로 생각하고 따라가더니 32마리아가 예수 계신 곳에 가서 뵈옵고 그 발 앞에 엎드리어 이르되 주께서 여기 계셨더라면 내 오라버니가 죽지 아니하였겠나이다 하더라 33예수께서 그가 우는 것과 또 함께 온 유대인들이 우

는 것을 보시고 심령에 비통히 여기시고 불쌍히 여기사 [34]이르시되 그를 어디 두었느냐 이르되 주여 와서 보옵소서 하니 [35]예수께서 눈물을 흘리시더라 [36]이에 유대인들이 말하되 보라 그를 얼마나 사랑하셨는가 하며 [37]그중 어떤 이는 말하되 맹인의 눈을 뜨게 한 이 사람이 그 사람은 죽지 않게 할 수 없었더냐 하더라

사랑하는 사람을 잃었을 때, 일반적 반응은 슬퍼하는 것입니다. 우리는 모두 생의 어떤 시점에서 그런 감정을 체험했거나 체험하게 될 것입니다. 예수님은 나사로와 나사로의 자매들을 사랑하셨습니다. 예수님은 친구의 죽음을 슬퍼하셨을 뿐만 아니라, 친구들이 비통해하는 모습을 보고 눈물을 흘리셨습니다. 로마서 12장 15절에서 성경은 "즐거워하는 자들과 함께 즐거워하고 우는 자들과 함께 울라"라고 권면합니다. 이 원칙을 예수님이 몸소 살아내고 계셨던 것입니다.

Q 나사로의 죽음과 마리아와 마르다의 슬픔에 비통해하신 예수님의 모습은 고난받는 이들을 불쌍히 여기시는 하나님을 어떻게 보여 줍니까?

Q 우는 자들과 함께 울 수 있는 실천적인 방법에는 어떤 것들이 있을까요?

예수님은 죽음의 광경이 자아내는 슬픔에 비통해하시기만 한 것이 아닙니다. 인간의 창조주는 세상에 죄와 죽음이 실재하는 것을 의식하고 통렬히 분노하셨습니다. 우리는 하나님이 태초에 의도하신 생명이 어떤 것인지 알지 못합니다. 우리는 하나님의 형상을 지닌 자들이어서 우리가 죄와 죽음을 슬퍼하는 것은 죄와 죽음에 대한 하나님의 미움을 반영하는 것입니다. 본문의 복된 소식은 예수님의 마지막 말씀과 행동이 비탄으로 끝나지 않았다는 것입니다.

4. 예수님은 죽은 사람을 되살리시는 친구이십니다 (요 11:38~44)

38이에 예수께서 다시 속으로 비통히 여기시며 무덤에 가시니 무덤이 굴이라 돌로 막았거늘 39예수께서 이르시되 돌을 옮겨 놓으라 하시니 그 죽은 자의 누이 마르다가 이르되 주여 죽은 지가 나흘이 되었으매 벌써 냄새가 나나이다 40예수께서 이르시되 내 말이 네가 믿으면 하나님의 영광을 보리라 하지 아니하였느냐 하시니 41돌을 옮겨 놓으니 예수께서 눈을 들어 우러러보시고 이르시되 아버지여 내 말을 들으신 것을 감사하나이다 42항상 내 말을 들으시는 줄을 내가 알았나이다 그러나 이 말씀 하옵는 것은 둘러선 무리를 위함이니 곧 아버지께서 나를 보내신 것을 그들로 믿게 하려 함이니이다 43이 말씀을 하시고 큰 소리로 나사로야 나오라 부르시니 44죽은 자가 수족을 베로 동인 채로 나오는데 그 얼굴은 수건에 싸였더라 예수께서 이르시되 풀어놓아 다니게 하라 하시니라

이제 그 현장을 상상해 보십시오. 나사로는 나흘 동안이나 죽은 채로 있었습니다. 무덤 주변에 있던 사람들은 코를 막아야 했을 것입니다. 죽은 지 나흘이나 되었기 때문에 시체에서 심한 냄새가 났을 것입니다. 그런데 믿기 어려운 일이 펼쳐집니다. 예수님이 무덤가의 돌을 옮겨 놓으라고 명령하셨습니다. 무덤이 열리자 예수님은 큰 소리로 기도하신 후 "나사로야 나오라"(43절) 하고 부르셨습니다. 그러자 나사로가 무덤에 묻힐 때 동여맸던 베옷을 그대로 두른 채로 걸어 나왔습니다.

예수님은 죽은 사람을 다시 살리시는 친구이십니다. 예수님은 육체적으로 죽은 사람뿐 아니라 영적으로 죽은 사람도 살리시는 분입니다. 죄는 인간과 하나님을 단절시켜 놓았습니다. 인간과 하나님의 단절된 관계는 예수님이 십자가에서 성취하신 일을 통해서만 다시 이어질 수 있습니다. 우리가 살 수 있게 된 것은 예수님이 우리 죄의 대가를 대신 치르기 위해 돌아가신 덕분입니다. 예수님이 우리를 위해 하신 일 때문에 우리에게 남은 유일한 책무는 우리 삶을 주님께 바치고, 주님을 우리 생명으로 영접하는 일입니다.

Q 영적으로 구원받는 것을 '부활'이란 말로 표현할 수 있을까요?

Q 영적 부활의 실재와 육체적 부활의 소망을 함께 지지하는 것이 중요한 이유는 무엇입니까?

> **핵심교리 99**
>
> **94. 죽음 이후의 삶**
>
> 성경은 그리스도인이 죽으면 바로 주님과 함께 있게 된다고 가르칩니다(눅 23:43; 고후 5:8). 어떤 이들은 신자들이 장래에 부활할 때 최종적인 상태가 될 것(계 6:10~11)임을 감안해 이 상태를 중간 상태라고 부릅니다. 그리스도 안에 있지 않은 이들은 죽은 후에 고통 가운데 놓이게 되며, 종말에는 심판을 받게 됩니다(눅 16:19~31).

나사로의 부활 이야기에서 우리는 다음 두 가지 사실을 알게 됩니다.

첫째, 하나님의 시간과 우리의 시간은 일치하지 않고, 하나님은 시간에 관해 우리와 다른 관점을 가지고 계시다는 것입니다.

둘째, 생명에 관한 하나님의 관점과 우리의 관점이 일치하지 않고, 하나님은 생명에 관해 우리와 다른 관점을 가지고 계시다는 것입니다.

하나님이 삶에서 왜 이런 일을 겪게 하시고, 왜 어떤 것은 허락하시면서 또 어떤 것은 허락하지 않으시는지 생각해 본 적이 있나요? 본문을 예로 들면, 하나님은 왜 나사로와 나사로의 가족에게 이런 시련을 겪게 하셨을까요? 하나님의 영광을 위해서입니다. 거듭 말하지만 하나님의 관점은 우리의 관점과 다릅니다. 하나님은 왜 우리에게 시련을 주셨을까요? 하나님의 영광과 우리의 안녕을 위해서입니다.

Q 나사로의 부활 이야기는 오늘날 우리 삶에 어떤 영향을 미칩니까?

Q 어려운 상황에서 하나님을 신뢰하는 것이 하나님을 영화롭게 하는 일이 되는 이유는 무엇입니까?

결론

그리스도인이 시간과 삶에 관한 올바른 관점을 갖는 것이 중요한 이유는 무엇일까요? 요한복음은 이렇게 말합니다.

"하나님의 아들이 이로 말미암아 영광을 받게 하려 함이라"(요 11:4).

예수님이 나사로를 되살리신 이유는 하나님과 예수님 자신을 영화롭게 하시기 위해서였습니다. 이를 통해 생명을 주기도 하시고 거두기도 하시는 능력의 주권자는 오로지 예수님뿐임을 알게 하고자 하셨습니다.

당신의 삶에서 바로잡길 원하는 것은 무엇입니까? 하나님이 그것을 바로잡아 주실 때까지 기꺼이 기다릴 수 있겠습니까? 하나님의 시간과 하나님의 목적과 하나님의 방식대로 하나님이 고쳐 주시기를 원합니까? 예수님이 나사로와 그의 가족에게 그런 시험을 주신 것은 하나님과 예수님 자신을 영화롭게 하기 위해서였습니다. 예수님은 당신을 통해서도 영화롭게 되기를 원하십니다. 당신은 예수님을 신뢰하겠습니까?

그리스도와의 연결

예수님은 나사로를 죽은 자 가운데서 일으키심으로써 죽음을 제압하는 능력을 보여 주셨습니다. 예수님은 "나는 부활이요 생명이니"라고 말씀하셨습니다. 우리는 십자가에서 죽으셨다가 죽은 자 가운데서 다시 사신 예수님이 언젠가 죽음을 영원히 물리치시고, 우리를 죽은 자 가운데서 다시 살리실 것을 믿어야 합니다.

하나님의 계획
우리의 사명

하나님은 우리에게 죽은 자 가운데서 다시 살리시는 하나님의 능력을 신뢰함으로써 아픔과 죽음 가운데서도 하나님을 영화롭게 하라고 말씀하십니다.

1. 어떻게 하면 고통과 상실 속에서도 주님께 신실함으로써 예수님의 영광을 드러낼 수 있을까요?

2. 어떻게 하면 '슬퍼하는 자와 함께 슬퍼하는 일'과 '부활이요 생명이신 예수님을 증거하는 일'을 균형 있게 할 수 있을까요?

3. 예수님이 당신에게 부활과 생명이 되신다면, 그분을 세상에 전하기 위해 당신이 취해야 할 믿음의 단계는 무엇입니까?

*
금주의 성경 읽기
겔 1~8장

appendix

신약성경에 나타난 구약성경의 말씀

"나는 스스로 있는 자니라" 하나님만이 바다 물결을 밟으심(욥 9:8)	**하나님의 아들이신 예수님** "스스로 있는 자"가 바다 위로 걸으심(마 14:25~27)
이사야의 메시지 듣기는 들어도 깨닫지 못할 것이요 보기는 보아도 알지 못할 것임(사 6:9)	**예수님의 비유** 제자들로 하여금 하나님 나라의 비밀을 깨닫게 하심(막 4:11~12)
시편 기자의 예언 하나님의 백성은 비유를 말씀하시는 분에게 귀를 기울일 것임(시 78:1~3)	**예언의 성취** 예수님이 무리에게 비유로 말씀하심(마 13:34~35)
하나님의 율법 하나님을 사랑하고, 이웃을 사랑하라(신 6:5; 레 19:18)	**예수님의 확언** 영생을 얻으려면 율법을 온전히 지켜라(눅 10:25~28)
외식하는 자들 입술로는 하나님을 공경하나 그들의 마음은 하나님에게서 멀리 떠남(사 29:13~14)	**바리새인들** 사람의 계명으로 교훈을 삼아 가르침(막 7:6~7)
하나님의 포도원 좋은 포도 맺기를 바랐더니 하나님의 백성이 들포도를 맺음(사 5:1~7)	**예수님의 비유** 바리새인들이 하나님의 아들을 죽이려고 함(마 21:33~46)
버려진 돌 건축자가 버린 돌이 집 모퉁이의 머릿돌이 됨(시 118:22~24)	**거절당하신 구세주** 악한 자들에게 버려져 열매 맺는 자들에게 주어짐(마 21:42~46)
심판 하나님의 대적들은 벌레에 먹히고 꺼지지 않는 불에 던져질 것임(사 66:24)	**예수님의 경고** 지옥에서는 구더기도 죽지 않고, 불도 꺼지지 않음(막 9:47~48)
모세 하나님의 백성이 만나를 받을 수 있도록 준비함(출 16장)	**오병이어를 베푸신 예수님** 생명의 떡이신 이가 5천 명에게 떡을 주심(마 14:19~20; 요 6:32~35)
주님의 소원 주님은 제사 대신 한결같은 사랑을 원하심(호 6:6)	**예수님의 사명** 영적인 질병을 고치시고, 죄인들에게 자비를 베푸심(마 9:1~13)
고난받는 종 우리의 질고를 지고 우리의 슬픔을 당하심(사 53:4)	**예수 그리스도** 말씀으로 귀신들을 쫓아내시고, 병든 자들을 다 고치심(마 8:16~17)

대제사장 예수 그리스도

제사장은 하나님과 백성 사이의 중재자로, 백성들이 하나님이 공급하신 은혜에 감사하거나 속죄하고자 할 때 백성을 대신해 예물과 희생 제사를 드리도록 하나님이 세우신 직분입니다.

구약성경에서 제사장은 어떤 사람입니까?	
자격	**임무**

• 레위 자손
• 특별히 아론의 자손
• 주님께 성결
  - 신체에 흠이 없어야 함
  - 의례적으로 정결해야 함
  - 규정된 제사를 드려 도덕적으로 정결해야 함
	• 백성을 대신해 하나님께 희생 제사를 드림
	• 하나님을 대신해 백성을 축복함
	• 하나님의 율법을 백성에게 가르침

레위 족속

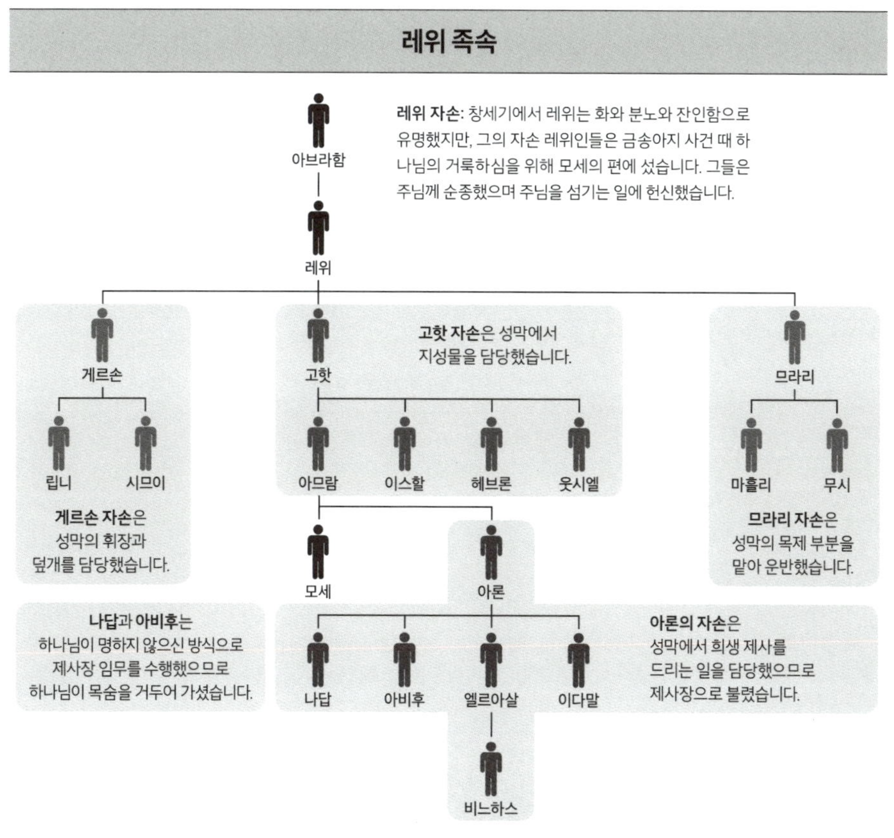

부록
2

구약성경에서 대제사장은 어떤 사람입니까?

- 아론의 직계 자손
- 하나님이 기름 부으심
- 1년에 한 번 대속죄일에 지성소에 들어가 자신과 백성의 죄를 위한 속죄제를 드림.

누가 대제사장이었습니까?

- 아론(출 28:1; 히 5:1~4)
- 비느하스(삿 20:27~28)
- 아히멜렉(삼상 21:1)
- 여호야다(왕하 12:2)
- 여호수아(학 1:1; 슥 3:1)
- 엘르아살(민 20:25~28)
- 엘리(삼상 1:9)
- 사독(왕상 2:35)
- 힐기야(왕하 22:8)
- 엘리아십(느 3:1)

▶ **아론**
아론과 그의 자손은 하나님이 기름 부으신 제사장으로 백성들을 대신해 하나님께 희생 제사를 드리고, 주의 이름으로 백성들을 축복하는 임무를 담당했습니다.

▶ **비느하스**
비느하스는 하나님의 질투심으로 질투해 이스라엘 남자와 미디안 여자가 하나님께 노골적으로 불순종하자 두 사람을 죽였습니다(민 25:1~13).

예수님은 어떻게 해서 제사장이셨습니까?

자격	예수님
• 레위 자손 • 특별히 아론의 자손 • 주님께 성결 　- 신체적 흠이 없어야 함 　- 의례적으로 정결해야 함 　- 규정된 제사를 드려 도덕적으로 정결해야 함	• 왕, 메시아, 유다 지파의 자손(히 7:14) • 주님께 성결(히 4:15) 　- 모든 면에서 우리와 똑같이 시험을 받으셨으나 죄는 없으심 • 멜기세덱의 반차를 따르는 제사장으로서 혈통이 아니라 불멸의 생명의 능력을 따라 죽은 자들 가운데서 일으킴을 받으시고 영원히 살아계심(히 7:15~17)

멜기세덱은 누구입니까?

- 창 14:17~20; 시 110:4; 히 7장
- 그의 이름의 뜻은 "의의 왕"
- 살렘의 왕이자 "평강의 왕"
- 가장 높으신 하나님의 제사장
- 하나님의 아들을 예표하며 영원한 제사장인 왕이자 제사장
- 전쟁에 승리하고 돌아오는 아브라함을 축복하고, 그에게서 십일조를 받음
- 창세기(시작과 족보, 탄생과 죽음에 관한 책)에 등장하며, 부모도 없고, 족보도 없고, 시작한 날도 생명의 끝도 없음

예수님은 어떻게 해서 위대한 대제사장이셨습니까?	
레위 계열의 대제사장	위대한 대제사장 예수님
옛 언약의 중재자(히 9:1~10)	더 나은 새 언약의 중재자(히 9:11~28)
자기 죄를 위한 속죄제를 먼저 드려야 함(히 5:3)	우리와 똑같이 시험을 받으셨으나 죄가 없으심 (히 4:15)
아론의 혈통을 이어받은 자손 중에서 하나님이 임명하심(히 5:4)	멜기세덱의 반차를 따라 하나님이 기름 부으심 (히 5:5~6)
제사장직은 종신직(히 7:23)	영생하시므로 제사장직도 영원함(히 7:24)
자신과 백성의 죄를 위해 매일 희생 제사를 드림 (히 7:27)	온 백성의 죄를 위해 자신을 단번에 제물로 드리심 (히 7:27)
1년에 한 번 동물의 피를 가지고 지성소에 들어가 자신과 백성의 죄를 위한 속죄제를 드리지만, 이 제사는 예배자의 양심을 온전하게 회복시키지 못함 (히 9:7, 9)	온 인류의 죄를 단번에 대속하기 위해 자기 피를 가지고 하늘의 지성소로 들어가 양심을 죽은 행실에서 깨끗하게 하고 살아계신 하나님을 섬기게 하심 (히 9:14)
예배자를 결코 온전하게 할 수 없는 제사를 해마다 똑같이 반복함(히 10:1)	예배자를 온전하게 성별하기 위해 자신을 단번에 제물로 드리심(히 10:10)
죄를 없애지 못하는 똑같은 희생제물을 매일 드리며 서있음(히 10:11)	자신을 제물로 드려 죄를 효과적으로 멸하시고, 하나님의 우편에 앉으심(히 10:12)

옛 언약의 제사장들은 혈통에 따라 모세의 형제 아론의 자손 가운데서 하나님이 임명하셨습니다. 그들은 거룩해야 했으며, 주님께 구별되어 비느하스가 보여 준 것처럼 주님의 거룩하심을 위해 열심을 다해야 했습니다. 아론의 제사장직은 한동안 그러한 목적으로 수행되었으나, 제사장 자신의 죄와 백성들의 죄 때문에 예배자를 온전하게 성별하는 궁극적인 목적을 성취하기에는 역부족이었습니다. 우리에게 필요한 제사장은 거룩하고, 죄가 없고, 순결하며, 죄인들과 구별되어 하늘 위에 높임을 받으시는 분입니다(히 7:26). 예수님이야말로 진정한 대제사장이십니다. 죄가 없으신 하나님의 아들이 멜기세덱의 반차를 따라 영원한 제사장이 되셨습니다(히 7:17). 흠 없는 하나님의 어린양(요 1:29, 36)이신 예수님은 예배자를 위해 자신을 단번에 속죄 제물로 드리십니다(히 10:10). 예수님은 하나님의 거룩하심을 위해 열심을 다해(요 2:13~17) 희생 공로를 완수하시고, 하늘에서 아버지의 우편에 앉으셨습니다(히 10:12). 우리의 대제사장이신 예수님은 우리를 하나님과 화목하게 하는 과업을 성취하셨습니다. 예수님의 완전한 의로우심이 하나님 아버지께 상달되므로, 우리가 의롭다 여김을 받습니다. 예수님은 아버지 앞에서 우리를 중재하시는 분으로(히 7:25; 9:24), 우리가 믿음을 유지하도록 기도하십니다(눅 22:31~32; 요 17). 그분 안에서 우리는 죄의 용서와 하나님과의 화목을 발견합니다.

하나님 나라 비유

비유	본문	내용	하나님 나라의 특징
씨 뿌리는 자	마태복음 13:1~9; 18~23 마가복음 4:1~9; 13~20 누가복음 8:4~8; 11~15	- 성경에 예수님의 설명이 기록됨 - 독특한 알레고리식 해석	하나님 나라에 관한 말씀(복음)은 복된 소식을 사모하고 이해하는 마음 밭에서만 열매를 맺으나, 밭을 가리지 않고 씨를 뿌리듯이 말씀은 누구에게나 전해져야 함.
알곡과 가라지	마태복음 13:24~30, 36~43	- 성경에 예수님의 설명이 기록됨 - 독특한 알레고리식 해석	때가 차서 종말에 아버지의 나라가 임하면 불의한 "악한 자의 자녀들"은 심판과 저주를 받아 지옥에 가지만, 의로운 "하나님 나라의 자녀들"은 하나님 나라에서 복을 받고 영화롭게 됨
겨자씨/누룩	마태복음 13:31~33 누가복음 13:18~21 (참조, 마가복음 4:30~32)	- 비슷한 의미를 담은 두 편의 비유	하나님 나라는 작게 시작하지만, 세상에 매우 큰 영향을 끼치다가 마침내 온 세상에 스며듦
감춰진 보화/ 값진 진주	마태복음 13:44~46	- 비슷한 의미를 담은 두 편의 비유	하나님 나라는 우리가 가진 모든 것을 희생해 참여할 만한 가치가 있음
무자비한 종	마태복음 18:21~35	- 확장된 이야기 - 용서에 관한 베드로의 질문에 대답하심	하나님 나라는 하나님께 받은 한없는 용서를 알기에 다른 사람들을 마음으로부터 용서하는 사람들로 이루어짐
악한 농부들	마태복음 21:33~46 마가복음 12:1~12 누가복음 20:9~19	- 자신들에게 경고하는 비유임을 바리새인들이 알아차림 - 독특한 알레고리식 해석	하나님 나라는 그 나라의 열매를 맺는 사람들로 이루어지므로 하나님의 아들 예수님을 거절함으로써 하나님을 위한 열매를 맺지 못하는 사람들은 하나님 나라에 참여하지 못함
선한 사마리아인	누가복음 10:25~37	- 확장된 이야기 - "무엇을 하여야 영생을 얻으며, 내 이웃이 누구인가"에 관한 율법 교사의 질문에 대답하심	하나님 나라는 경계를 넘어 다른 사람들에게 자비를 베풀고 이웃이 되어 주는 사람들로 이루어져 있음

부록
3

비유	본문	내용	하나님 나라의 특징
잃었다가 다시 찾는 비유들	누가복음 15장	- 비슷한 의미를 담은 비유들 - 예수님이 죄인을 영접하고 음식을 같이 먹는다며 비판한 바리새인과 서기관들에게 말씀하심	
잃어버린 양/ 잃어버린 동전	누가복음 15:1~10	- 값진 것을 잃었다가 다시 찾는 것에 관한 짧은 비유들	하늘나라는 죄인 한 명의 회개도 기뻐하심
잃어버린 아들(들)	누가복음 15:11~32	- 확장된 이야기 - 부분적 알레고리식 해석 - 돌아온 탕자만큼이나 형에게도 큰 의미가 있음	하늘나라는 회개하는 죄인을 기뻐하므로, 죄인이 회개하는 것을 기뻐하지 않는 사람은 하늘나라에 들어갈 수 없음
바리새인과 세리	누가복음 18:9~14	- 짧은 비유 - 자기 의에 취해 다른 사람들을 얕보는 사람들에게 말씀하심	하나님 나라는 하나님 앞에서 자신을 낮추고 자기 구원을 위해 오로지 하나님의 자비만을 의지하는 사람들로 이루어져 있으며, 자신을 낮추는 자들은 높이 올라가고 자신을 높이는 자들은 낮아짐

예수님의 기적

	내용	장소	방법	증인들	목적	결과
첫 번째 기적	물로 포도주를 만드심 (요 1:1~12)	갈릴리 가나	예수님 말씀대로 여섯 통의 돌 항아리에 물을 채우니 물이 변해 포도주가 됨	예수님의 제자들과 혼인 잔칫집의 종들	하나님의 아들 예수님의 영광을 드러냄(요 2:11)	예수님의 제자들은 예수님을 믿음 (요 2:11)
두 번째 기적	관원의 아들을 치유하심 (요 4:46~54)	갈릴리 가나/ 가버나움	가나에서 관원에게 가버나움에 있는 그의 아들이 바로 그 시간에 살아서 회복되었다고 말씀하심	왕의 관원과 그의 온 집안	-	왕의 관원과 그의 온 집안이 예수님을 믿음(요 4:53)
세 번째 기적	38년 된 장애인을 치유하심 (요 5:1~18)	예루살렘의 베데스다 연못	중풍병자에게 일어나 자기 침상을 들고 걸으라고 말씀하셨고, 그가 즉시 그렇게 행동함	치유된 중풍병자와 안식일에 그의 침상을 운반했다고 비판했던 유대인들	예수님은 아버지와 하나이시며 안식일에 대해 권세를 가지심 (요 5:17~18)	유대인들은 예수님이 안식일에 병자를 고치시고, 자신을 하나님과 동등하게 여기셨다고 예수님을 비난하기 시작함 (요 5:16, 18)
네 번째 기적	5천 명을 먹이심 (요 6:1~15; 참조, 마 14:13~21; 막 6:30~44; 눅 9:10~17)	갈릴리 바닷가	소년이 가져온 보리떡 다섯 개와 물고기 두 마리를 축사하시고, 제자들에게 그것을 무리에게 나누어 주라고 말씀하심	제자들과 무리 가운데 5천 명의 남자들	예수님이 모세보다 위대하시며, 예수님 자신이 생명의 떡임을 증명하심 (요 6:32~35)	무리는 예수님을 선지자로 믿었고, 그분을 왕으로 삼으려고 힘썼으나 예수님은 무리로부터 물러나심 (요 6:15)
다섯 번째 기적	물 위를 걸으심 (요 6:16~21; 참조, 마 14:22~33; 막 6:45~52)	갈릴리 바닷가	물 위를 걸어서 폭풍 가운데 배에 타고 있던 제자들에게 가심	제자들	예수님 자신이 "스스로 있는 자"임을 증명하심 (요 6:20)	-
여섯 번째 기적	맹인으로 태어난 사람을 고쳐 주심 (요 9장)	예루살렘	땅에 침을 뱉어 진흙을 이겨 맹인의 눈에 펴 바른 후, 실로암 못에 가서 씻으라고 말씀하심	제자들, 맹인이었던 사람, 그의 부모와 이웃들, 그가 구걸하는 것을 봤던 바리새인들과 사람들	치유 사역을 통해 하나님이 일하심을 증명하심 (요 9:3)	그 사람이 예수님을 믿고 예배함(요 9:38)
일곱 번째 기적	죽은 자 가운데서 나사로를 일으키심 (요 11장)	예루살렘 근처 베다니	기도하신 후, "나사로야, 나오라" 하고 외치심	마리아와 마르다, 그들을 위로하러 온 유대인들과 제자들, 나사로	하나님의 영광을 증명하고 하나님의 아들을 영화롭게 함 (요 11:4).	많은 사람이 예수님을 믿었으나 산헤드린 공회는 예수님을 죽이려는 음모를 꾸밈(요 11:45~53)

요한복음이 쓰인 목적은 한 가지입니다. 독자들이 예수님을 메시아요 하나님의 아들로 믿게 해, 그 이름을 믿음으로 말미암아 영생을 얻게 하려는 것입니다(요 20:30~31). 이 목적을 달성하기 위해 요한은 예수님이 많은 기적을 행하셨음을 언급하여 앞 부분(1~11장)에서 일곱 가지 기적을 강조했습니다.

부록 4

고대 이스라엘의 농업과 농사

"귀 있는 자는 들으라!" 예수님은 '씨 뿌리는 자 비유'를 마치며 외치셨습니다.[1] 예수님은 청중이 농사일에 경험이 없어 자기를 이해하지 못할 것이라는 생각을 하실 이유가 전혀 없으셨습니다. 성경 시대를 통틀어 이스라엘 경제는 농업을 기반으로 했습니다.[2] 그 결과 성경에는 농사 용어들이 가득합니다. 예수님이 가르치실 때 농사에 관한 심상을 자주 사용하셨다는 것은 청중이 농사일을 잘 알고 있었다는 증거입니다. '씨 뿌리는 자 비유'에서도 예수님은 청중에게 익숙한 농사 이야기를 통해 청중이 영적 행동으로 이행하도록 도전을 주셨습니다.

고대 이스라엘의 농경 생활을 이해하면, 많은 성경 구절들과 그 구절들이 전하는 중요한 영적 진리를 파악하는 데 도움이 됩니다. 다행스럽게도 성경 시대의 농사법, 농기구, 농작물 및 달력에 관한 상당한 정보가 현재까지 전해지고 있습니다.

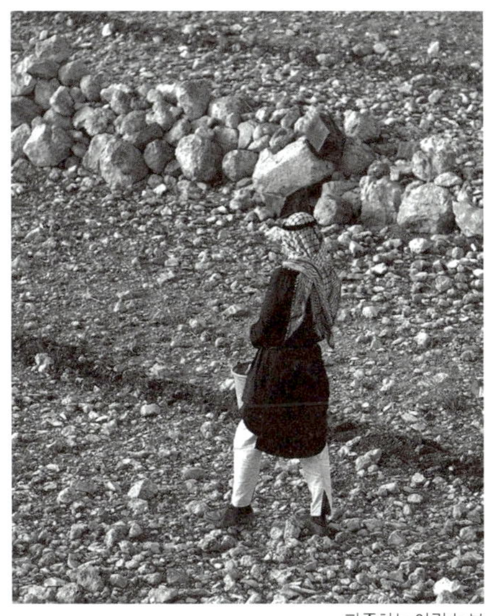

파종하는 아랍 농부

이스라엘의 지형은 농업 발달에 큰 영향을 끼쳤습니다. 신명기 11장 11절은 약속의 땅을 하늘에서 내리는 비를 흡수하는 언덕과 계곡의 땅이라고 묘사합니다. 이스라엘은 지중해 연안을 따라 평평하게 펼쳐진 이스르엘평야와 요단평야에 있었는데, 그곳에 사는 사람들은 다양한 채소와 곡식을 재배했습니다. 고원지대는 생산하기가 어려운 지역이었습니다. 농부들은 숲을 밀어내고 충분한 흙과 습기를 확보하기 위해 계단식 토지를 만들었습니다.

이스라엘 농부들과 가족들은 그 땅을 최대한 활용하려고 열심히 일했습니다. 토양은 대체로 비옥했으나, 바위가 많기로 유명했고, 흙이 얕은 곳도 있었습니다. 땅을 갈고 흙을 부수어야 물이 침투해 어린 식물들이 뿌리를 내릴 수 있었습니다. 작물들은 뿌리를 깊이 내리지 못하면 물을 흡수하지 못해 말라 죽게 됩니다. 그러므로 식물을 재배하기 위해서는 땅을 갈고 땅속에 묻혀 있는 돌들을 캐내야 했습니다. 농부들은 캐낸 돌들을 밭이랑에 쌓아두었습니다. 경작이 가능한 비옥한 땅을 서로 차지하려고 가시들과 엉겅퀴들도 치열하게 경쟁했습니다.[3]

"구약성경은 이스라엘의 기본 작물들을 세 가지로 기록합니다. 그 세 가지 작물은 곡식, 포도, 올리브입니다."[4] 그 밖에도 사람들은 다양한 과일과 견과류, 채소들과 약용작물들을 재배했습니다. 그러나 여기서는 이스라엘의 곡식 농사에 집중하겠습니다. 성경은 곡식 생산 방식을 널리 참조하고 활용하는데, '씨 뿌리는 자 비유'가 뜻하는 작물도 곡식인 것 같습니다.

이스라엘 사람들은 땅을 갈아 경작하는 등의 다양한 농사 기술을 사용했습니다. 가장 초기의 쟁기들은 막대

---

1. 마 13:8, HCSB. 참조. 마 13:3-9; 막 4:3-9; 눅 8:5-8.

2. "Agriculture," in *Nelson's New Illustrated Bible Dictionary*, gen. ed. Ronald F. Youngblood (Nashville: Thomas Nelson, 1995).

3. "Agriculture," in *Nelson's New Illustrated Manners and Customs of the Bible*, ed. James I. Packer, Merrill C. Tenney, and William White, Jr. (Nashville: Thomas Nelson, 1997).

4. Youngblood, "Agriculture."

기 갈고리 형태였습니다. 수 세기 후에 농부들은 땅을 5인치 정도 파고들어 갈 수 있는 철 쟁기를 고안했습니다. 쟁기질을 한 다음에는 뭉친 흙을 부수기 위해 써레질을 했습니다. 괭이와 곡괭이로 땅을 뒤엎어 씨를 뿌리고 잡초를 제거하는 것입니다. 농부들은 대개 낟알을 흩뿌리는 방식으로 씨를 뿌렸으나,[5] 아래쪽에 구멍이 난 자루를 메고 다니면서 쟁기가 흙을 뒤엎을 때 씨를 떨어뜨리기도 했습니다.[6]

일꾼들은 낫을 사용해 낟알을 잘랐습니다. 잘라낸 낟알은 잘 골라야 했습니다. 그 낟알들을 나무나 돌 굴림대에 돌리거나 소가 돌리게 하면, 껍질과 알맹이가 분리되었습니다. 일꾼들은 갈퀴나 삽이나 부채를 사용해 낟알을 공중에 던져 겨를 날려 보냈습니다. 체질을 하면 불필요한 껍질들이 날아가고 알맹이만 남았습니다. 그 알곡을 제분하면 밀가루가 되는 것입니다.[7]

고대 문헌들은 고대 이스라엘의 재배 과정에 대한 정보를 제공합니다. 1908년에 텔 게제르에서 발견된 게제르 달력은 다음과 같은 정보를 줍니다. 게제르력은 올리브 수확기부터 시작하는데, 올리브는 8월부터 10월까지 수확하고, 10월부터 12월까지는 씨를 뿌립니다. 이어 12월부터 2월까지 늦은 파종기에는 콩류와 채소류의 씨를 뿌리고, 다음 한 달 동안에는 김을 매줍니다. 3월부터 4월까지는 보리 수확기입니다. 밀은 4월과 5월에 수확합니다. 포도는 5월부터 7월까지 수확합니다. 마지막으로 여름 과일은 7월부터 8월까지 수확합니다.[8]

히브리 농사는 대대로 조상에게서 물려받은 땅에서 가족 단위로 경영하는 소규모 농사였습니다.[9] 이스라엘이 가나안 땅을 점령한 이후에 여호수아는 이스라엘 지파들과 가족들에게 땅을 분배했습니다. 시간이 지남에 따라 부자들은 더 많은 땅을 차지하게 되었습니다. 이스라엘 포로기와 중간기 시대에 생산 가능한 토지의 소유권은 점차 귀족들의 차지가 되었고, 그 땅에서 소작농들이 일했습니다. 악한 농부들에 관한 예수님의 비유는 이런 상황을 반영합니다.[10]

'씨 뿌리는 자 비유'에서 우리는 이스라엘의 농업 환경을 엿볼 수 있습니다. 예수님은 토양의 상태를 네 가지

게제르력
(석회암, 주전 925년경 제작 추정)

5. J. L. Kelso, F. N. Hepper, "Agriculture," in *New Bible Dictionary*, rev. ed. D. R. W. Wood, 3rd ed. (Downers Grove, IL: InterVarsity Press, 1996).

6. Craig S. Keener, *The IVP Bible Background Commentary: New Testament* (Downers Grove, IL: InterVarsity Press, 1993), 82.

7. "Agriculture," in *Neson's Illustrated Manners and Customs of the Bible*.

8. Oded Borowski, "Agriculture," *The Eerdmans Dictionary of the Bible*, ed. in chief Davil Noel Freedman (Grand Rapids: Eerdmans, 2000), 28-30.

9. Avraham Negev, "Agriculture," in *The Archaeological Encyclopedia of the Holy Land*, 3rd ed. (New York: Prentice Hall, 1990).

10. 마 21:33-41; 막 12:1-9; 눅 20:9-16.

로 설명하셨습니다. (1) 밭 가장자리를 따라 사람들이 걸어 다닌 결과 딱딱하게 굳어버린 토양, (2) 흙이 너무 얕아서 자라나는 식물에 충분한 양분을 공급할 수 없는 돌로 덮인 토양, (3) 가시가 얽히고설켜 부드러운 식물의 성장을 막는 토양, (4) 깊고 기름져 생산력이 높은 토양입니다. 또한 예수님은 식물의 성장을 네 단계로 설명하셨습니다. (1) 발아, (2) 발근, (3) 성장, (4) 결실입니다. 식물이 성장하기 위해서는 네 단계를 모두 거쳐야 합니다. 그런데 오직 한 가지 토양만이 네 단계를 모두 거칠 수 있습니다. 마찬가지로 오직 한 가지 영적 토양만이 하나님이 요구하시는 열매를 맺을 수 있습니다.

마태복음 13장 8절은 토양의 생산성을 100배, 60배, 30배로 묘사합니다. 이스라엘에서 이 정도의 생산성을 확보하려면,[11] 생산 조건이 좋아야 하는데, 생산 조건은 좋은 농사 기술, 시기적절한 수확, 토양 관리, 적당량의 비와 햇빛, 김매기 등을 통한 적절한 관리, 해충 방제 등에 좌우됩니다. 농부는 1부셸의 낟알을 파종하고 100부셸을 수확할 때 풍년이라고 생각했습니다. 더 어려운 조건에서 60부셸이나 30부셸을 수확하는 경우에도 예수님 시대에는 대단한 수확이라고 할 수 있었습니다. 예수님은 자신을 따르는 사람들이 곡식과 유사한 영적 성장 단계를 거치며 하나님 나라를 위해 높은 생산성을 갖춘 제자들로 성장하는 것을 보셨습니다. 풍작을 거둔 농부가 몹시 기뻐하듯이 주님도 따르는 자들이 영적으로 성장하면 기뻐하십니다.

시간이 흐름에 따라 농사 기법은 놀랍게 발전했습니다. 식물들의 생산성과 영양분을 향상시키기 위한 과학 기술이 발전했습니다. 오늘날에도 농업은 세계 경제의 기반이 됩니다. 몸소 들이나 밭에 나가 일하는 사람들은 많지 않으나, 음식은 여전히 많이 필요하고, 지구 상에 사는 70억 이상의 사람들은 매일 먹어야 삽니다.

육적 음식 못지않게 영적 양식도 절실합니다. 우리는 정기적으로 하나님의 진리를 누려야만 우리를 향한 주님의 뜻에 따라 성장하고 생산할 수 있습니다. 그러므로 예수님은 당신의 백성에게 "들으라!"고 외치며 도전을 주셨습니다. 고대 농법을 아주 조금만 알아도 우리는 성경을 진지하게 공부하는 학생들이 주님의 놀라운 진리를 듣고 배울 수 있도록 지속적으로 도울 수 있습니다.

*위 내용은 미국 텍사스주 둔칸빌시의 제일침례교회 협동 목사 마크 R. 던의 글
"고대 이스라엘의 농업과 농사"(Agriculture and Farming in Ancient Israel)를 번역한 것입니다.

---

11. Keener, *IVP Bible Background: New Testament.*

주 / 1

SESSION 1

1. Daniel L. Akin, *Christ-Centered Exposition: Exalting Jesus in Mark* (Nashville: B&H, 2014) [WORDsearch].
2. John Wesley, *Wesley's Notes on the Bible*, Christian Classics Ethereal Library [online; cited 17 October 2016]. Available from the Internet: *www.ccel.org*.
3. C. H. Spurgeon, "Sown Among Thorns," The Spurgeon Archive [online], 19 August 1888 [cited 17 October 2016]. Available from the Internet: *www.romans45.org*.
4. R. Kent Hughes, *Mark, Volume 1: Jesus, Servant and Savior, in Preaching the Word* (Crossway, 1989) [WORDsearch].

SESSION 2

1. Warren W. Wiersbe, *Be Loyal* (Colorado Springs: David C. Cook, 1980) [WORDsearch].
2. Douglas Sean O'Donnell, *Matthew, in Preaching the Word* (Crossway, 2013) [WORDsearch].
3. David Wenham, *The Parables of Jesus* (Downers Grove: IVP, 1989), 153.

SESSION 3

1. John R. W. Stott, *The Contemporary Christian* (Downers Grove: IVP, 1992), 349.
2. Vincent Bacote, *The Political Disciple: A Theology of Public Life* (Grand Rapids: Zondervan, 2015), 42.
3. Stan Guthrie, *All That Jesus Asks: How His Questions Can Teach and Transform Us* (Grand Rapids: Baker, 2010), 222.

SESSION 4

1. Ambrose, *Exposition of the Gospel of Luke*, 7.215, quoted in *Luke*, ed. Arthur A. Just Jr., vol. III in *Ancient Christian Commentary on Scripture: New Testament* (Downers Grove: IVP, 2003), 249.
2. John Newton and William Cowper, *Olney Hymns* (London: Thos. Tegg & Son, 1835), 190.

SESSION 5

1. C. S. Lewis, quoted in *The Spiritual Legacy of C. S. Lewis*, by Terry W. Glaspey (Nashville: Cumberland House, 1996), 144-45.
2. John Piper, *What Jesus Demands from the World* (Wheaton: Crossway, 2006), 157.
3. Darrell L. Bock, *Luke, in The NIV Application Commentary* (Grand Rapids: Zondervan, 2012) [WORDsearch].

SESSION 6

1. George Whitefield, "A Penitent Heart: The Best New Year's Gift," in *Selected Sermons of George Whitefield* (London: The Religious Tract Society, 1904), 79-80.
2. Helmut Thielicke, *The Waiting Father: Sermons on the Parables of Jesus* (Cambridge: The Lutterworth Press, 2015), 105.
3. Scot McKnight, *Kingdom Conspiracy: Returning to the Radical Mission of the Local Church* (Grand Rapids: Brazos Press, 2014), 184.

SESSION 7

1. Gregg Matte, *I Am Changes Who I Am* (Ventura, CA: Regal, 2012), 19.
2. Irenaeus, *Against Heresies*, 3.16.7, quoted in *John 1-10*, ed. Joel C. Elowsky, vol. IVa in *Ancient Christian Commentary on Scripture: New Testament* (IVP, 2001) [WORDsearch].
3. Timothy Keller, *The Wedding Party*, vol. 4 in *The Encounters with Jesus Series* (New York: Dutton, 2013) [eBook].
4. D. A. Carson, *The Gospel According to John, in The Pillar New Testament Commentary* (Eerdmans, 1991) [WORDsearch].

SESSION 8

1. Billy Graham, "Answers," Billy Graham Evangelistic Association [online], 16 May 2014 [cited 31 October 2016]. Available from the Internet: *billygraham.org*.
2. Henry T. Blackaby and Richard Blackaby,

주 / 2

Experiencing God Day by Day (Nashville: B&H, 1997), December 8 [WORDsearch]. 《매일 아침 하나님을 경험 하는 삶 365》(두란노, 2009), 343.

SESSION **9**

1. Vern S. Poythress, *The Miracles of Jesus* (Wheaton: Crossway, 2016) [eBook].
2. Timothy Keller, *King's Cross: The Story of the World in the Life of Jesus* (New York: Dutton, 2011) [eBook].
3. David Platt, *Exalting Jesus in Matthew: Christ-Centered Exposition* (Nashville: B&H, 2014) [WORDsearch].
4. Charles H. Spurgeon, "Safe Shelter" in *Spurgeon's Sermons, Volume 15: 1869*, Christian Classics Ethereal Library [online; cited 31 October 2016]. Available from the Internet: *www.ccel.org*.
5. D. A. Carson, "Matthew," in *Expositor's Bible Commentary, vol. 8* (Grand Rapids: Zondervan, 2010) [WORDsearch].

SESSION **10**

1. Matthew Henry, *The Communicant's Companion*, in *The Miscellaneous Writings of Matthew Henry*, vol. 7 (London, Samuel Bagster, 1811), 220.
2. Irenaeus, *Against Heresies*, 5.17.1, quoted in *Mark*, eds. Thomas C. Oden and Christopher A. Hall, vol. II in *Ancient Christian Commentary on Scripture: New Testament* (Downers Grove: IVP, 2001) [WORDsearch].
3. William L. Lane, *The Gospel of Mark*, in *New International Commentary on the New Testament* (Grand Rapids: Eerdmans, 2010) [WORDsearch].

SESSION **11**

1. Adrian Rogers, *The Incredible Power of Kingdom Authority* (Nashville: B&H, 2002), 28.
2. J. C. Ryle, Mark, in *The Crossway Classic Commentaries* (Wheaton: Crossway, 1993) [eBook].
3. William Hendriksen, *Exposition of the Gospel of Mark*, in *New Testament Commentary* (Grand Rapids: Baker, 2008) [WORDsearch].
4. James R. Edwards, *Mark*, in *The Pillar New Testament Commentary* (Grand Rapids: Eerdmans, 2010) [WORDsearch].

SESSION **12**

1. Katherine Sonderegger, *Systematic Theology: Volume 1, The Doctrine of God* (Minneapolis: Fortress Press, 2015), 243.
2. Charles H. Gabriel, "I Stand Amazed in the Presence," in *Baptist Hymnal* (Nashville: LifeWay Worship, 2008), 237.

SESSION **13**

1. Herbert Lockyer, *All the Miracles of the Bible*, in *The All Series* (Grand Rapids: Zondervan, 2013) [WORDsearch].
2. Chrysostom, *Homilies on the Gospel of John*, 62.3, quoted in *John 11-21*, ed. Joel C. Elowsky, vol. IVb in *Ancient Christian Commentary on Scripture: New Testament* (Downers Grove: IVP, 2007), 13.